INVENTAIRE
V 45.079

AF359643

# LISTE GÉNÉRALE

### PAR ORDRE ALPHABÉTIQUE

# DES NÉGOCIANTS

## COMMERÇANTS

# Et Notables Habitants

### DE LA VILLE

## DE BATIGNOLLES.

---

**Prix, broché : 60 centimes.**

---

Batignolles.

FRANK-FRANCIS BARCLAY, PUBLICISTE,

9, AVENUE SAINT-OUEN, 9.

—

**1854.**

# EN VENTE ICI.

## Liste Générale

### PAR ORDRE ALPHABÉTIQUE

# DES HABITANTS

## DE BATIGNOLLES.

Cette Liste est la plus exacte et la plus complète de toutes celles qui ont paru jusqu'à ce jour, et contient

## Plus de 3,000 Adresses.

## Prix, broché et satiné : 20 centimes.

Paris.— Impr. Parys et Compᵉ, 15, rue J.-J.-Rousseau.

# LISTE GÉNÉRALE

### Par Ordre Alphabétique

# DES HABITANTS

### DE LA VILLE

# DE BATIGNOLLES

### POUR

### 1854.

# LISTE GÉNÉRALE

DES

## NÉGOCIANTS, COMMERÇANTS

ET

## NOTABLES HABITANTS.

## A

Abraham, marchand de combustibles, rue d'Antin, 6.
Abram, abbé, rue de la Santé, 2.
Absil, toiseur, rue Moncey, 12.
Adam, mercier, rue Saint-Louis, 36.
Adams, propriétaire, rue de la Santé, 51.
Agasse, propriétaire, rue du Hàvre, 12.
Aguesse, marchand de vins, boulevard Monceaux, 58.
Agutte (Mme), marchande de meubles, rue de Levis, 50.
Aigouin, crèmier, rue des Dames, 54.
Aimé (Mme), propriétaire, rue de la Félicité, 3.
Albignac, blanchisseur, Grand'Rue, 59.
Albot, épicier, rue de la Paix, 27.
Aldebert, marchand de combustibles, rue Lebouteux, 26.
Alerne, propriétaire, rue Saint-Louis, 72.
Alibaud, marchand d'huiles, Grand'Rue, 23.
Alissard (Mme), parfumeuse, rue des Dames, 23.
Alix, marchand de vins, boulevard de Batignolles, 24.

Allard, propriétaire, rue de la Santé, 38.
Alleaume, propriétaire, rue de l'Eglise, 4.
Allouis, marchand de vins traiteur, rue de Lévis, 8.
Altemer (Mme), propriétaire, rue de la Paix, 36.
Altemer (Mlle), propriétaire, rue Truffaut, 42.
Ambrosini, fumiste, rue Truffaut, 4.
Ambrosini, fumiste, rue des Dames, 12.
Amiette, propriétaire, rue de la Paix, 114.
Amiot, nourrisseur, rue du Port-Saint-Ouen, 26.
Amy, propriétaire, rue du Port-Saint-Ouen, 31.
Ancelin, propriétaire, rue de la Félicité, 9.
André, propriétaire, rue de la Félicité, 13.
André (Mlle), crémière, rue Truffaut, 28.
André (Mlle), propriétaire, rue de la Santé, 54.
André (Mme), table d'hôte, Grand'Rue, 51.
André, sellier, rue de Lévis, 68.
Andrés, facteur de pianos, rue d'Antin, 11.
Andrieux, propriétaire, rue d'Orléans, 86.
Anet, entrepreneur de menuiserie, rue du Boulevard, 10.
Anet (Mme), blanchisseuse, rue Saint-Louis, 60.
Angelbert, marchand de vins, rue Caroline, 15.
Angresans, propriétaire, rue de la Paix, 42.
Anzou (Mme), blanchisseuse, avenue Saint-Ouen, 9.
Ardouin, menuisier, boulevard Monceaux, 112.
Aretz, tailleur, Grand'Rue, 4.
Aribaud, entrepreneur de roulage, rue des Dames, 24.
Arique, marchand de vins, rue des Moines, 13.
Armain, fruitier, rue de la Santé, 4.
Arnault (Mme), maîtresse de pension, rue Lemercier, 5.
Arnold, accordeur de pianos, rue Lécluse, 20.
Arnoul, homme de lettres, rue de la Paix, 73.
Arson, propriétaire, avenue des Chasseurs, 17.
Astier, propriétaire, rue Lemercier, 58.
Aubé (Mme), couturière, rue Saint-Charles, 19.
Aubert, cafetier, rue de le Paix, 46.
Aublé, maître paveur, rue Fortin, 13.
Aubouin, propriétaire, place de l'Eglise, 16.
Aubouin, épicier, route d'Asnières, 2.
Aubry, marchand d'huiles, rue d'Orléans, 117.
Aubry, marchand de vins, rue Hélène, 17.
Aubry, nourrisseur, rue Cardinet, 73.
Aubry, cafetier, Grand'Rue, 11.
Auclair, marchand de bois, boulevard Monceaux, 98.
Audebert, logeur, rue de la Santé, 34.
Audin, propriétaire, rue Bénard, 52.

Aufray, boulanger, rue des Dames, 10.
Aunay (Mme), marchande de vins, Grand'Rue, 25.
Austin, passementier, route de la Révolte, 91.
Avoyne, médecin, rue des Dames, 61.
Azeau, coiffeur, rue de la Paix, 47.
Aziman (Mme), propriétaire, rue Saint-Louis, 41.

## B

Back, propriétaire, rue Saint-Louis, 21.
Bacon, appareils à gaz, Grand'Rue, 49.
Bacqueville, propriétaire, petite rue de l'Église, 9.
Bacqueville, propriétaire, cité des Fleurs, 18.
Badin, propriétaire, rue du Port-Saint-Ouen, 24.
Badour, marchand de parapluies, rue des Dames, 66.
Bailleux, loueur en garni, rue des Dames, 42.
Bailly, propriétaire, rue de la Paix, 55.
Bailly, propriétaire, rue Truffaut, 61.
Balagny, notaire et maire, rue d'Antin, 5.
Balasse, nourisseur, route d'Asnières, 81.
Balay, propriétaire, rue Lemercier, 82.
Ballin, teinturier, rue Lemercier, 25.
Balot, propriétaire, rue de la Santé, 11.
Bals, pharmacien, rue des Dames, 8.
Barathon, marchand de tapis, rue des Dames, 24.
Barbelenet, marchand de vins, rue des Dames, 78.
Barbier, fruitier, rue Lemercier, 58.
Barcan, fruitier, avenue de Clichy, 68.
Barclay (Mme), rentière, avenue Saint-Ouen, 9.
Barclay (Henry), typographe, impasse Trézel, 14.
Barclay (Francis), publiciste, avenue Saint-Ouen, 9.
Bardet, marchand de vins, rue de Lévis, 26.
Bardin, boulanger, rue des Bœufs, 1.
Bardot, propriétaire, rue Lemercier, 86.
Barillet, marchand de bois, boulevard Monceaux, 106.
Barnier, march. de combustibles, avenue de Clichy, 92.
Baroche, propriétaire, rue de la Paix, 55.
Barochet, marbrier, route de la Révolte, 64.
Baron, dentiste, rue des Dames, 28.
Barot, tailleur, rue d'Antin, 22.
Barque, épicier, rue Truffaut, 26,
Barré-Picard, épicier, rue Truffaut, 7.
Barrendeguy, propriétaire, rue Truffaut, 23.
Barré-Mignant, passementier, rue Saint-Etienne, 16.
Barré, traiteur, boulevard de Batignolles, 100.

Barroy, propriétaire, rue Sainte-Thérèse, 5.
Barry, marchand de plâtre et maçon, rue Saint-Louis, 44.
Bastide, marchand de combustibles, rue Saint-Louis, 2.
Bastien, blanchisseur, rue Truffaut, 29.
Bastien, boucher, rue de la Santé, 74.
Bassière, fruitier, rue de Lévis, 50.
Basse, marchand de vins, rue Lemercier, 43.
Bataire, marchand de vins, rue de la Terrasse, 6.
Baud (Mme), propriétaire, rue Lemercier, 61.
Baudeloup (Mme), marchande de vins, rue Saint-Louis, 40.
Baudet, marchand d'eau-de-vie, rue d'Antin, 6.
Baudier, coiffeur, rue de Lévis, 42.
Baudoin, propriétaire, rue Truffaut, 52
Baudoin, propriétaire, rue Lemercier, 51.
Baudou, épicier, rue des Dames, 49.
Baugé, maçon, rue de Lévis, 29.
Baulan, propriétaire, rue de la Paix, 70.
Baullier, appartements garnis, rue Truffaut, 25.
Bauvais, logeur, rue de Lévis, 10.
Baurés, marchand de combustibles, rue d'Antin, 28.
Bavrel, propriétaire, rue du Port-Saint-Ouen, 19.
Bayle, marchand de combutibles, rue de Lévis, 53.
Bayle, coiffeur, Grand'Rue, 62.
Bazin, march. de charbons, boulevard de Batignolles, 26.
Bazin, propriétaire, rue du Hàvre, 14.
Beauduc, propriétaire, rue du Port-Saint-Ouen, 36.
Beaugueret, mercier, avenue de Clichy, 46.
Beauhaire, propriétaire, rue de la Paix, 84.
Beaumont, coquetier, rue de Lévis, 78.
Beaupré (Mme), propriétaire, rue Lemercier, 50.
Beauvilliers, boucher, Grand'Rue, 15.
Beauzot, marchand de chaux, rue de Lévis, 89.
Bécourt (Mme), tôle vernie, rue de Chazelles, 13.
Bédu, tailleur, rue Truffaut, 7.
Beigbeder, adjoint au maire, rue d'Antin, 9.
Beius (Mme), blanchisseuse, rue Saint-Louis, 22.
Bélaud, cordonnier, rue Saint-Louis, 18.
Belin, cordonnier, rue Cardinet, 45.
Belot, concierge du chemin de fer, à la Gare.
Bellanger, marchand de vins, rue de Lévis, 55.
Bellefontaine (Mme), brocanteuse, Grand'Rue, 39.
Belloche, marchand de vins, route d'Asnières, 22.
Belloche, marchand de vins, rue de Lévis, 36.
Bellot, charcutier, avenue de Clichy, 28.
Bénard, propriétaire, rue Bénard, 25.

Benezy, blanchisseur, boulevard Monceaux, 36.
Bénouville, propriétaire, cité Lafontaine, 5.
Berge, charpentier, rue Capron, 25.
Berger, marchand de charbons, rue de la Paix, 106.
Berger, marchand de vins, rue des Dames, 101.
Bergère. entrep. de maçonnerie, rue des Moines, 21.
Bergeron, poëlier, passage Lathuille, 7.
Berlié, contrôleur des contrib. dir., rue des Dames, 26.
Bernard, mercier, rue de la Paix, 84.
Bernard, coiffeur, rue Sainte-Thérèse, 9.
Bernay, propriétaire, rue de la Paix, 18.
Berneaux, marchand de vins, Grand'Rue, 5.
Bernier, juge-de-paix, boulevard de Batignolles, 8.
Berthelemot, fabricant de fontaines, rue Lechapelais, 4.
Berthelot, marchand de vins, boulevard de Clichy, 68.
Berthier, propriétaire, route Militaire.
Berthier, cabinet de lecture, rue des Dames, 46.
Bertin (Mme), corsetière, Grand'Rue, 43.
Bertin, propriétaire, rue Cardinet, 25.
Bertin, propriétaire, rue Lemercier, 9,
Bertin, propriétaire, route d'Asnières, 57.
Bertin, propriétaire, rue Saint-Louis, 99.
Bertrand, marchand de vins. rue de Lévis, 14.
Berty, propriétaire, rue de l'Église, 18.
Besard, boucher, rue de Lévis, 98.
Besnard, propriétaire, rué de la Santé, 53.
Besombes, marchand de vins, passage Lathuille, 17.
Bessières, propriétaire, rue Saint-Louis, 37.
Besuchet, propriétaire, rue Lemercier, 42.
Beudon, bains publics, rue Lemercier, 16.
Beufve, propriétaire, rue Saint-Etienne, 25.
Beunaiche, maître de pension, rue de la Paix, 25.
Beuzelin (Mme), propriétaire, rue de Chartres, 11.
Bezardin, propriétaire, place de l'Église, 20.
Bienvenu, couvreur, Grand'Rue, 51.
Bienvenu, marchand de vins, rue de la Santé, 56.
Bierge, table d'hôte, rue du Boulevard, 9.
Bidache, propriétaire, rue de Chartres, 10.
Bidard, propriétaire, rue Saint-Charles, 7.
Bigot, propriétaire, rue de la Paix, 105.
Bigot, sabotier, rue des Dames, 46.
Bignon, propriétaire, rue de la Paix, 17.
Billard, plombier, rue de l'Église, 6.
Billet (Mme), propriétaire, rue Saint-Louis, 14.
Billiot, boucher, avenue de Clichy, 18.

Billou, marchand de vins, avenue de Clichy, 100.
Bincha, marchand de combustibles, rue de l'Ecluse, 31.
Birault, propriétaire, rue Saint-Etienne, 18.
Biscop, propriétaire, rue Lemercier, 68.
Blain, propriétaire, petite rue de l'Église, 15,
Blanc, propriétaire, rue Lecomte, 8.
Blanc, propriétaire, rue de la Santé, 29.
Blanchemain, pâtissier, rue des Dames, 82.
Blancheton, traiteur, avenue de Clichy, 111.
Blanchin (Mlle), march. de nouveautés, rue de Lévis, 12
Blandin, propriétaire, rue de l'Église, 6.
Blessemail, cordonnier, rue des Dames, 46.
Blesson, propriétaire, rue Saint-Etienne, 6.
Blesson fils, menuisier, rue Saint-Etienne, 6.
Blocmanno, épicier, Grand'Rue, 44.
Blondelu, coquetier, rue de Chartres, 3.
Blot, marchand de couleurs, route de la Révolte, 235.
Boidoffray, marchand de vins, rue de Lévis, 93.
Boire (Mme), maîtressse de pension, rue Saint-Louis, 58.
Boiseau (Mme), épicière, rue Truffaut, 47.
Boissy (Mme), marchande de charbons, rue de la Santé, 1.
Boiste, blanchisseur, rue des Dames, 115.
Boivin, traiteur, Grand'Rue, 6.
Boivin, propriétaire, rue de la Paix, 14.
Boizot, marchand de vins, rue Truffaut, 65.
Boncorps, maître maçon, rue des Dames, 5.
Bondeau, propriétaire, rue Saint-Louis, 67.
Bonias, marchand de vins, Grand'Rue, 49.
Bonnard, boucher, place de Lévis, 4.
Bonnet, boulanger, Grand'Rue, 39.
Bonnet, maître paveur, rue Guyot, 5.
Bonnetain, plombier, rue Saint-Louis, 12.
Bonpoids, propriétaire, rue de la Santé, 49.
Borderot, propriétaire, rue Cardinet, 36.
Borde, entrepreneur de maçonnerie, impasse Trézel, 5.
Boscredon, fruitier, rue d'Orléans, 92.
Bosel, propriétaire, rue Saint-Louis, 28.
Bossot, fruitier, rue de Lévis, 2.
Bossu, marchand de vins, boulevard de Batignolles, 60.
Bottin, marchand de porcelaines, Grand'Rue, 49.
Boubigny (Mme), propriétaire, rue Bénard, 9.
Boucharin, logeur, rue de la Paix, 12.
Boucher, crémier, rue de Lévis, 21.
Bouchet, entrepreneur, rue Capron, 21.
Boucher, marchand de vins, avenue Saint-Ouen, 6.

Boucher (Mlle), march. de comest., rue des Dames, 27.
Bouchereau, restaurateur. rue Truffaut, 9.
Boucheron, propriétaire, rue de la Félicité, 8.
Bouchey, boucher, avenue de Clichy, 11.
Boudeau, propriétaire, rue Saint-Louis, 67.
Boudet, coiffeur, rue d'Antin, 24.
Boudret, propriétaire. cité des Fleurs, 22.
Bouet, serrurier, avenue de Clichy, 1.
Boufol, épicier, rue de la Paix, 116.
Bougon, march. de pommes de terre, rue d'Orléans, 113.
Bouhier de l'Écluse, entrepreneur, rue de Lévis. 2.
Boulingre, teinturier, rue d'Antin, 17.
Boulon, entrepreneur de déménagements, rue Bénard, 9.
Bouisson, marchand de vins, rue des Batignollaises, 15.
Bourcier, marchand de vins, place de Lévis, 8.
Bourdeaux, propriétaire, rue de la Paix, 79.
Bourdet, coiffeur, rue des Dames, 109.
Bourdier, propriétaire, rue de la Paix, 54.
Bourdier, menuisier, rue de la Santé, 35.
Bourgade, marchand de combustible, rue des Dames, 38.
Bourgeois, zingueur, rne des Dames, 20.
Bourgeois, propriétaire, rue Saint-Étienne, 15.
Bourgeois, marchrnd de vins, rue Puteaux, 6.
Bourgeois, marchand de bonneterie. rue de Lévis, 42.
Bourgeois, marchand de vins, boulevard de Clichy, 72.
Bourgeois, bonnetier, rue de Lévis, 40.
Bourgeois, apprêteur d'étoffes, rue de Lévis, 43.
Bourgeois, charcutier, rue de Lévis, 29.
Bourgeois, plombier, boulevard Monceaux, 40.
Bourgogne, propriétaire, rue de la Paix, 71.
Bourgoin, blanchisseur, rue Bénard, 35.
Bourguignon, cafetier, boulevard de Batignolles, 78.
Bourmont, marchand de paillaissons, rue Truffaut, 11.
Bourrelier, épicier, avenue de Clichy, 90.
Bourrier, propriétaire, rue de la Paix, 99.
Bourrier, maître couvreur, rue de Lévis, 21.
Boursier, propriétaire, rue du Port-Saint-Ouen, 55.
Boursin, marchand de vins, rue Saint-Louis, 55.
Boursin, marchand de bois, boulevard Monceaux, 22.
Bouton, crèmier, rue de la Paix, 34.
Boutry, fruitier, rue Fortin, 14.
Boutry, tonnelier, route de la Révolte, 153.
Bouvot, propriétaire, rue Lemercier, 57.
Bouvot, propriétaire, rue Saint-Louis, 70.
Boy, propriétaire, rue du Chemin-des-Dames, 16.

Boyard, propriétaire, rue Saint-Louis, 61.
Brachet, propriétaire, rue de l'Hôtel-de-Ville, 6.
Braquet-Deville, entrepositaire, rue Truffaut, 102.
Braud, médecin, Grand'Rue, 42.
Braud, propriétaire, rue Bénard, 3.
Bréant, propriétaire, rue Lemercier, 5.
Bréant, marchand de vins, rue des Dames, 47.
Breban et Godier, laitiers, rue des Dames, 109.
Brémard, tonnelier, rue Truffaut, 16.
Bresler, entrepreneur de déménagements, Grand'Rue, 22.
Bresson (Mme), march. de vins, avenue de Clichy, 115.
Bresson (Mme), mercière, avenue de Clichy, 14.
Breton, quincaillier, rue de Lévis, 15.
Breton, propriétaire, rue d'Orléans, 97.
Breton, marchand de vins en gros, rue Truffaut, 33.
Briant, brocanteur, rue de Lévis, 63.
Brière, marchand de vins, rue Chéroy, 25.
Brière, propriétaire, rue Saint-Étienne, 11.
Brière (Mme), propriétaire, rue Saint-Louis, 54.
Bringuet, march. de combust., rue du Port-St-Ouen, 4.
Brinquet, march. de combustibles, avenue de Clichy, 33.
Brion, marchand de plâtre, rue des Dames, 89.
Brisedou, marchand de vins, Grand'Rue, 37.
Brisemur, boulanger, rue Bénard, 25.
Brisset, blanchisseur, rue de la Paix, 27.
Brisson, traiteur, avenue de Clichy, 81.
Brochet, plâtrier, avenue de Clichy, 87.
Brochet fils, plâtrier, chemins des Bœufs, 16.
Brochet fils, propriétaire, rue Truffaut, 44.
Brou, serrurier, rue des Dames, 25.
Brousset, marchand de vins, avenue de Clichy, 94.
Brulé, fruitier, rue des Dames, 3.
Brun, marchand de vins en gros, boulevard de Clichy, 62.
Brun, propriétaire, rue d'Orléans, 113.
Brunet (Mlle), modiste, Grand'Rue, 38.
Brunet, marchand de vins, boulevard Monceaux, 54.
Brunet, crémier, rue de la Paix, 78.
Brunot, propriétaire, rue de la Paix, 76.
Brunot, propriétaire, cité des Fleurs, 19.
Brunot, serrurier, avenue de Clichy, 84.
Bruyant, cordonnier, rue des Dames, 29.
Buchard, fruitier, rue du Port-Saint-Ouen, 33.
Bucher, entrepreneur d'omnibus, rue des Dames, 2.
Budicom, constructeur de machines, à la Gare.
Buffet, propriétaire, route d'Asnières, 72.

Buisson, épicier, rue des Dames, 54.
Bulme, entrep. de maçonnerie, avenue de Clichy, 143.
Buquet, propriétaire, rue Truffaut, 58.
Bureau, logeur, rue du Port-Saint-Ouen, 55.
Burg (Mlle), march. de combust., avenue Saint-Ouen, 12.
Burgot (Mme), couturière, rue Truffaut, 44.
Burgot, propriétaire, rue Saint-Louis, 30.
Buron, brocanteur, avenue de Clichy, 57.
Bury, propriétaire, rue Lemercier, 59.
Buteau, greff. du juge-de-paix, rue des Batignollaises, 17.
Buvelot, bottier, Grand'Rue, 7.

## C

Cabaret, fruitier, avenue da Clichy, 92.
Cabaret et Muro, march. de salaisons, rue de Lévis, 17.
Cabasu, crèmier, rue Saint-Louis, 70.
Cabillet, architecte, avenue de Clichy, 4.
Cabour, propriétaire, rue de la Paix, 10.
Cadot, coiffeur, boulevard de Clichy, 62.
Cadoux, loueur de voitures, passage Lathuille, 21.
Caillet, boucher, avenue de Clichy, 12.
Calinet, propriétaire, rue de la Paix, 77.
Cambier, marchand de vins, rue Cardinet, 45.
Cameré, agent d'affaires, rue de la Paix, 65.
Cameret, agent d'affaires, rue des Carrières, 26.
Camon, tailleur, rue d'Antin, 17.
Campredon, marchand de combustibles, rue Fortin, 16.
Canat, marchand de vins, rue de Lévis, 96.
Canis, agent d'affaires, rue Lechapelais, 10.
Canon, charcutier, rue des Dames, 99.
Canon (Mme), propriétaire, petite rue de l'Eglise, 1.
Canouille, fab. d'allumettes chim., rue du Docteur, 12.
Cantelia (et son épouse, corsetière, rue Saint-Louis, 84.
Canut, marchand de beurre, Grand'Rue, 58.
Capron, grainetier, Grand'Rue, 18.
Capron (et son épouse, modiste), rue Lemercier, 45.
Caradan, marchand de vins, rue des Dames, 35.
Cardinet, traiteur, rue de Lévis, 2.
Cardinet, propriétaire, rue Cardinet, 60.
Cardot, peintre, rue de la Santé, 101.
Caricar, marchand de vins, boulevard de Batignolles, 74.
Carlier, quincaillier, rue des Dames, 9.
Carlier, marchand de beurre, rue Lemercier, 2.
Garnet, marchand de vins, rue de la Terrasse, 8.

Caron, coiffeur, Grand'Rue, 2.
Caron, épicier, rue des Dames, 107.
Caron (Mme), épicière, rue du Port-Saint-Ouen, 53.
Caron, abbé, rue Saint-Charles, 19.
Caron, propriétaire, rue de l'Hôtel-de-Ville, 5.
Carrat, blanchisseur, rue de la Paix, 10.
Carré, marchand de vins, avenue de Clichy, 12.
Carré, fruitier, Grand'Rue, 59.
Carré, restaurateur, Grand'Rue, 8.
Carré-Rouaix, médecin, rue Fortin, 11.
Carret, nourrisseur, rue Cardinet, 56.
Carrier, épicier, rue des Dames, 91.
Carteau, marchand de vins, rue Saint-Louis, 45.
Carteret (Mlle), propriétaire, rue de la Paix, 6.
Casebonne, crémier, avenue de Clichy, 14.
Caseneuve, menuisier, rue Saint-Louis, 12.
Casson, propriétaire, rue d'Orléans, 54.
Castel, marchand de combustibles, Grand'Rue, 52.
Castois, marchand de vins, rue Saint-Etienne, 26.
Cathrine, prporiétaire, rue Truffaut, 56.
Cattecoux, boulanger, avenue de Clichy, 98.
Cattrain, marchand de vins, Grand'Rue, 22.
Caulier, propriétaire, rue Lemercier, 41.
Cauliraud (Mme), coiffeuse, rue Bénard, 5.
Causon, entrepreneur de vidange, Grand'Rue, 12.
Cavalier, propriétaire, rue de la Paix, 39.
Cazé, entrepreneur de peintures, rue de la Paix, 56.
Cazier, brocanteur, boulevard de Batignolles, 16.
Censier, épicier, Grand'Rue, 47.
Censier, menuisier, avenue de Clichy, 12.
Certain, marchand de combustibles, rue Lechapelais, 4.
Chabrand, marchand de pain d'épices, rue Cardinet, 65.
Chaffonjon, tailleur, rue de l'Eglise, 27.
Chaffraix, marchand de vins, rue des Dames, 112.
Chalons, fruitier, rue de la Paix, 96.
Chalot, fruitier, rue de l'Eglise, 1.
Chalumeau, cabinet de lecture, rue Saint-Louis, 21.
Chamard, serrurier, Grand'Rue, 21.
Chambrou, boulanger, avenue de Clichy, 2.
Champ, propriétaire, route d'Asnières, 41.
Champagne, crémier, rue de Lévis, 66.
Champion (Mlle), maît. de pension, rue de l'Eglise, 29.
Champion (Mme), propriétaire, rue de la Santé, 2.
Chantepie, propriétaire, Grand'Rue, 15.
Chantreuil, marchand de vins, rue de Lévis, 8.

Chapelain, propriétaire, rue de la Paix, 94.
Chapelain, loueur de voitures, avenue Saint-Ouen, 19.
Chapet, épicier, rue Lechapelais, 14.
Chapotet, serrurier, rue Lechapelais, 8.
Charbonnier, propriétaire, rue Bénard, 23.
Charbonnier (Mme), couturière, rue des Dames, 7.
Charbonnier, épicier, rue des Dames, 21.
Chardon, propriétaire, rue d'Orléans, 116.
Chardon, médecin, rue de la Paix, 65.
Charles (Mme), blanchisseuse, rue Saint-Louis, 44.
Charles, grainetier, rue de Lévis, 42.
Charles, propriétaire, rue de Chartres, 8.
Charlier, propriétaire, rue de la Paix, 85.
Charlois, propriétaire, rue Saint-Louis, 47.
Charrot, sellier, Grand'Rue, 15.
Chartier, commissaire de police, rue des Dames, 48.
Chartier (Mme), nourrisseuse, rue de Lévis, 29.
Chartier, propriétaire, rue de la Paix, 101.
Chassel, propriétaire, rue de la Santé, 21.
Chassyrollet, propriétaire, rue du Port-Saint-Ouen, 44.
Chatelard, marchand de vins, rue Cardinet, 61.
Chatelet, traiteur, Grand'Rue, 2.
Chatelin, marchand de vins, Grand'Rue, 47.
Chatellard, marchand de vins, rue de Lévis, 52.
Chatté, bourrelier, avenue de Clichy, 99.
Chauchon, crémier, rue Saint-Louis, 21.
Chauvet, propriétaire, rue de la Paix, 96.
Chauvet, propriétaire, rue Saint-Louis, 4.
Chauvié, hôtel garni, rue d'Antin, 19.
Chauvière, propriétaire, rue de la Paix, 68.
Chauvit, marchand de vins, rue de la Santé, 38.
Chavanne, marchand de vins, rue du Boulevard, 28.
Chavigny, propriétaire, rue Saint-Louis, 20.
Chénard, voiturier, rue Cardinet, 79.
Chenevière, voiturier, rue de Lévis, 46.
Chereau père, médecin, rue Fortin, 19.
Chéron, blanchisseur, rue Truffaut, 42.
Chéron, marchand de vins, passage Lathuille, 7.
Cheval, crémier, avenue de Clichy, 1.
Chevalier, marchand de vaches, rue de Lévis, 52.
Chevalier, propriétaire, rue de la Paix, 116.
Chevalier, propriétaire, rue Saint-Louis, 12.
Chevalier, propriétaire, rue du Port-Saint-Ouen, 3.
Chevalier, propriétaire, rue Lemercier, 53.
Chevalier, marchand de vins, rue des Dames, 116.

Chevalier, marchand de vins, avenue de Clichy, 98.
Chevalier, marchand de vins, avenue Saint-Ouen, 19.
Chevalier, boulanger, rue de la Santé, 1.
Chevallier, fruitier, rue d'Antin, 27.
Chevreau, lampiste, rue de la Paix, 50.
Chevron, propriétaire, rue Lemercier, 62.
Chiroux, propriétaire, rue de l'Eglise, 7.
Chivot, débitant de tabac, avenue Saint-Ouen, 7.
Chouette, peintre en voitures, rue de Lévis, 74.
Choulette, serrurier, rue de Lévis, 25.
Chotel, directeur du théâtre, rue de l'Eglise, 55.
Chrétien, marbrier, rue de la Félicité, 42.
Christophe, dentiste, boulevard de Clichy, 64.
Cibot, cafetier, boulevard de Batignolles, 14.
Cicot, marchand de vins, avenue de Clichy, 101.
Clairbaud, propriétaire, rue de la Paix, 48.
Claud, épicier, Grand'Rue, 13.
Claude, laitier, route de la Révolte, 201.
Claus, propriétaire, rue de la Félicité, 19.
Clayet, marchand de vins, rue Boursault, 19.
Clerc, tonnelier, rue de la Paix, 57.
Clerget, marchand de vins, avenue de Clichy, 15.
Clément, propriétaire, rue du Port-Saint-Ouen, 7.
Clérisse, marchand de beurre, rue des Dames, 26.
Climaszewski, maît. de pension, boul. de Batignolles, 56.
Cocher, cordonnier, rue Lemercier, 2.
Cochery, propriétaire, rue d'Orléans, 49.
Cochois, marchand de vins, rue de Lévis, 70.
Coffin, fruitier, Grand'Rue, 55.
Coffinet (Mme), institutrice, cité Lafontaine, 2.
Cohendoz, propriétaire, rue Cardinet, 63.
Colas, propriétaire, rue Lebouteux, 22.
Colas, parfumeur en gros, rue de la Terrasse, 50.
Colette-Grammont, propriétaire, rue Saint-Etienne, 20.
Colin (Mlle), directrice de la poste, rue Truffaut, 24.
Colin (Mlle), passementière, rue Saint-Etienne, 44.
Colinet fils, marchand de charbons, boul. de Clichy, 68.
Collas, boulanger, rue des Dames, 90.
Collet (Mme), sage-femme, Grand'Rue, 23.
Collet, marchand d'huiles, rue de l'Ecluse, 29.
Collet, marchand de vins, rue de la Paix, 69.
Collier dit Lejeune, l. en garni, r. des Batignollaises, 5.
Colmaire, coiffeur, rue des Dames, 105.
Colombel, entrepreneur de serrurerie, rue Truffaut, 50.
Combacau, tailleur, rue des Dames, 29.

Combles, march. de charbons, boul. de Batignolles, 92.
Compas (Mme), épicière, rue des Batignollaises, 5.
Compas, propriétaire, rue Truffaut, 27.
Compoint, marchand de vins, route de la Révolte, 69.
Cointrel, propriétaire, rue de la Félicité, 51.
Coningre (Mlle de), mait. de pension, rue Lemercier, 55.
Connier, boulanger, rue de Lévis, 5.
Conort, épicier, avenue de Clichy, 64.
Contal, marchand de vins, rue des Dames, 99.
Conté, propriétaire, rue du Port-Saint-Ouen, 8.
Contet, marchand de vins, rue de l'Hôtel-de-Ville, 3.
Copier, propriétaire, rue Bénard, 44.
Copier, propriétaire, rue de l'Eglise, 51.
Corbie, boucher, rue des Dames, 118.
Cordier, tonnelier, rue de Lévis, 27.
Cornillard, propriétaire, rue Saint-Charles, 19.
Cornu, limonadier, rue Lemercier, 94.
Corot (Mme), crèmière, rue de l'Eglise, 5.
Corret (Mme), couturière, rue Lemercier, 55.
Corrindre, boulanger, rue Truffaut, 58.
Coste, brocanteur, rue de la Santé, 108.
Cotentin, boucher, rue Bénard, 14.
Cottard, propriétaire, rue de la Santé, 56.
Cottard, marchand de vins, rue de l'Ecluse, 51.
Couder, marchand de vins, avenue Saint-Ouen, 15.
Couderchet, marchand de parapluies, rue de l'Eglise, 1.
Coulembier, layetier emballeur, Grand'Rue, 13.
Coupé, marchand de vins rôtisseur, rue de Lévis, 10.
Coupé (Mme), corsetière, rue de la Paix, 4.
Coupier, propriétaire, rue Lemercier, 55.
Couratin, marchand de vins, boulevard Monceaux, 6.
Courboulés, quincaillier, Grand'Rue, 51.
Courcou, épicier, rue Lemercier, 25.
Court, propriétaire, rue de la Félicité, 25.
Courtade, épicier, rue des Dames, 45.
Coutellier (Mme), propriétaire, rue Lemercier, 55.
Courtot, marchand de vins, Grand'Rue, 59.
Courvallet, bourrelier, route d'Asnières, 2.
Cressini (Mme), fumiste, rue Sainte-Thérèse, 8.
Crétemant, marchand de vins, boulevard Monceaux, 74.
Creuzet, propriétaire, place de l'Eglise, 17.
Crignon, mercier, rue de la Paix, 44.
Crignon, propriétaire, rue Saint-Etienne, 63.
Crochet, propriétaire, rue d'Orléans, 102.
Cros (Mme), marchande à la toilette, rue de la Paix, 5.

Crosnier, boulanger, place de Lévis, 4.
Crosnier, teinturier, rue Cardinet, 60.
Crosnier, marchand de vins, rue de la Terrasse. 10.
Crouzat, maître de pension, rue Truffaut, 12.
Crozat, ébéniste, rue Lemercier, 26.
Cruchot, propriétaire, rue Lemercier, 13.
Cruela, fabricant de pianos, rue Lemercier, 26.
Cuenoud, grainetier, rue Saint-Etienne, 6.
Cuqu, grainetier, rue de Lévis, 37.
Cuqu, grainetier, rue de Lévis, 79.
Cuqu, boulanger, Grand'Rue, 40.
Curot, épicier, rue Cardinet, 44.
Cuvereaux, propriétaire, rue du Port-Saint-Ouen, 30.
Cuvier, propriétaire, rue de la Paix, 75.
Cœurdevache, marchand de vins, boul. de Clichy, 58.

# D

Dage, marchand de vins, rue de l'Eglise, 5.
Dagoreau, épicier, rue Lebouteux, 14.
Dahl, propriétaire, rue de l'Eglise, 23.
Dailly, propriétaire, rue Truffaut, 60.
Damas, menuisier, rue des Dames, 43.
Danglard, poêlier, rue d'Antin, 23.
Daniel (Mlle), mercière, rue de Lévis, 96.
Danin, nourrisseur, impasse Fauconnier, 3.
Danset, boucher, rue des Dames, 107.
Dantine, propriétaire, rue Truffaut, 9.
Dantine, propriétaire, rue Lemercier, 24.
Dardelle, marchand de vins, rue de Chazelles, 3.
Darrot, march. de vins pâtissier, boul. de Batignolles, 82.
Darru, horloger, rue des Dames, 3.
Darsonville, peintre en équipages, impasse Trézel, 3.
Dastès, maître de pension, rue des Dames, 53.
Dauly, nourrisseur, rue des Dames, 37.
Daumond, marchand de vins, rue Cardinet, 23.
Daumont, marchand de vins, rue Cardinet, 33.
Daumont, propriétaire, rue Saint-Louis, 101.
Daupley, nourrisseur, route d'Asnières, 64.
Dauthier, marchand de vins, avenue Saint-Ouen, 68.
Dauvergne, épicier, Grand'Rue, 12.
Davanne (Mme), rue de Chartres, 4.
Davaux, marchand de vins, rue des Dames, 104.
David (Mme), bouchère, rue Bénard, 19.
David, blanchisseur, rue des Batignollaises, 6.

David, propriétaire, rue d'Orléans, 9.
Dawand, propriétaire, rue Saint-Louis, 70.
Dehelly, limonadier, Grand'Rue, 11.
De Berdenet, propriétaire, rue Truffaut, 59.
Debled, propriétaire, rue d'Orléans, 90.
De Bolla, traiteur, avenue Saint-Ouen, 51.
Debrée, propriétaire, rue Lemercier, 48.
Debruire (Mme), corsetière, rue Lemercier, 1.
Decabre, propriétaire, rue Cardinet, 45.
Decaqueray fils, fabricant de parapluies, r. Lemercier, 1.
Decrêpe, marchand de lait, rue de l'Ecluse, 16.
De Folny, charcutier, Grand'Rue, 18.
Degenetais, marchand d'huiles, rue de l'Eglise, 2.
Deguingand, propriétaire, place de Lévis, 7.
Deguingand, propriétaire, rue d'Orléans, 58.
Dégremont, nourisseur, rue Cardinet, 48.
Dejean, maréchal, avenue Saint-Ouen, 12.
Del (Mme), blanchisseuse, boulevard de Batignolles, 12.
De la Bruyère, propriétaire, rue de la Paix, 58.
Delacour, propriétaire, rue du Port-Saint-Ouen, 15.
Delacroix, propriétaire, rue de la Paix, 65.
Delafontaine, propriétaire, rue Bénard, 12.
Delafosse, propriétaire, rue Lemercier, 26.
Delahaie, tourneur en bois, rue d'Orléans, 116.
Delahaye, chef d'institution, boulev. de Batignolles, 84.
Delahaye (Mme), blanchisseuse, rue de Chazelles, 5.
De la Janquière, propriétaire, rue Lemercier, 67.
Delamarre, percept. des cont., rue des Batignollaises, 12.
Delangle, propriétaire, rue Lemercier, 52.
Delaplace, charcutier, rue de Lévis, 45.
Delarivière, crémier, rue de la Paix, 58.
Delarochette, entrepreneur de charrois, rue de Lévis, 15.
Delarue, propriétaire, rue d'Orléans, 115.
Delarue, propriétaire, rue d'Orléans, 86.
Delaruelle (Mme), maîtr. de pension, r. de la Santé, 25.
Delaunay, marchand de vins, rue des Dames, 60.
Delaunay, fruitier, marchand de vins, rue St-Louis, 52.
Delaunay, march. de beurre, boulev. de Batignolles, 82.
Deldal, propriétaire, avenue Saint-Ouen, 9.
Deldal, propriétaire, rue de la Paix, 59.
Delécu, remplacements militaires, Grand Rue, 20.
Delhay, boulanger, Grand'Rue, 52.
Delhay, boulanger, rue d'Orléans, 85.
Delière, propriétaire, rue Lemercier, 88.
Delmarets, entrepren. de peintures, rue de l'Ecluse, 27.

Delmotte, restaurateur, rue de Lévis, 59.
Delmotte (Mlle), loueuse de voitures, rue de Lévis, 63.
Delmotte, marchand de vins, rue de Lévis, 63.
Delmotte, horloger, rue de Lévis, 22.
Delobière, ébéniste, rue Saint-Louis, 12.
De Loisel (Mme), table d'hôte, boul. de Batignolles, 30.
Delvaux (Mme), marchande de modes, rue de l'Écluse, 23.
Demézières, blanchisseur, avenue de Clichy, 150.
Demusiel, fabricant de chaises, rue Truffaut, 44.
Depetasse, tapissier, rue de la Paix, 100.
De Périn, propriétaire, rue Truffaut, 33.
Depoix, fruitier, rue Cardinet, 56.
De Pontchallon, rue du Havre, 4.
Derbaumez, marchand de vins, rue de l'Eglise, 2.
Derchy, propriétaire, rue du Port-Saint-Ouen, 24.
Derementiche, peintre en voitures, rue de la Santé, 60.
Derementiche, peintre et logeur, rue Cardinet, 26.
Deroye, propriétaire, rue Lemercier, 12.
Deschaut (Mme), brocanteuse, rue de Lévis, 28.
Deschère, vicaire, avenue de Clichy, 37.
Descombes, entrep. de charpente, rue Saint-Etienne, 68.
Descors, laitier, rue de la Paix, 4.
Desfammes, popriétaire, rue Lemercier, 43.
Desgrais, voiturier, route d'Asnières, 89.
Desgranges, nourrisseur, route d'Asnières, 99.
Deshayes, lunetier, Grand'Rue, 56.
Desicy, ébéniste, rue de l'Eglise, 26.
Desjardins, menuisier, boulevard de Batignolles, 96.
Desjardins, propriétaire, place de l'Eglise, 18.
Deslaurières, marchand de modes, rue des Dames, 33.
Desmarets (Mme), propriétaire, rue Sainte-Thérèse, 14.
Desmarets, propriétaire, rue Saint-Louis, 22.
Desmavrant (Mme), couturière, rue Truffaut, 39.
Desmazures, marchand de vins, rue de la Santé, 66.
Desnouveaux, épicier, rue de l'Eglise, 40.
Desnoyers, propriétaire, rue Saint-Charles, 44.
Desplanques, propriétaire, rue Sainte-Marie, 22.
Desray, propriétaire, rue de la Félicité, 7.
Desrey, propriétaire, rue Saint-Louis, 37.
Desrez, propriétaire, rue de la Paix, 50.
Desrez (Mme), brocheuse, rue Lemercier, 50.
Desrivières, propriétaire, rue du Port-Saint-Ouen, 34.
Desrues, chaudronnier, rue de la Paix, 112.
De Saint-Mars, lavoir public, rue de la Terrasse, 8.
Devainville, propriétaire, rue Lemercier, 10.

Desse, marchand de vins, rue Chéroy, 11.
Desseing, traiteur, rue Cardinet, 60.
Dessessart, marchand de vins, rue de Lévis, 46.
Desvaux, boucher, rue de Lévis, 55.
Desvignes, fabric. de prod. chim., avenue de Clichy, 94.
Det (Mme), appartements garnis, place de l'Eglise, 5.
Détang, marchand de charbons, boulevard Monceaux, 4.
De Tissier, blanchisseur, rue de la Paix, 80.
Detroussel (Mme), corsetière, rue Lemercier, 26.
Deveaux, marchand de vins, Grand'Rue, 55.
Deveaux, propriétaire, rue Saint-Louis, 60.
Devigny, fruitier, rue de Lévis, 20.
Devrinville, propriétaire, rue Lemercier, 10.
Dhabit, boucher, rue des Dames, 54.
D'Hervilly (Mme), propriétaire, rue de l'Eglise, 2.
Dheur (Mme), appartements garnis, passage Béranger, 18.
Diani, horloger, avenue de Clichy, 12.
Didelot, épicier, boulevard de Batignolles, 86.
Didsbury, dentiste, rue Lemercier, 1.
Dieudonné (Mme), march. à la toilette, rue Lemercier, 24.
Dieudonné, propriétaire, place de l'Eglise, 12.
Dimpre fils, peintre, rue Saint-Louis, 65.
Diot, teinturier, rue de la Paix, 5.
Direz, commissionnaire de transports, rue Cardinet, 18.
Doberset, maître de pension, rue Hélène, 11.
Docquer (Mme), épicière, rue de l'Ecluse, 47.
Doguereau (Mme), marchande de vins, Grand'Rue, 37.
Doisneau, propriétaire, rue Lemercier, 47.
Doisy, propriétaire, rue d'Orléans, 114.
Dolléans, entrepositaire, rue Truffaut, 83.
Doly, marchand de comestibles, rue de la Paix, 71.
Donara (Mme), propriétaire, rue Saint-Louis, 45.
Dorange, loueur de voitures, rue Cardinet, 60.
Dorival, propriétaire, rue du Port-Saint-Ouen, 11.
Dosville, blanchisseur, rue de la Paix, 17.
Douai, propriétaire, rue de la Santé, 74.
Doublet, épicier, place de l'Eglise, 8.
Doublet (Mme), mercière, Grand'Rue, 44.
Doucet, propriétaire, rue du Port-Saint-Ouen, 9.
Douet, traiteur, rue de Lévis, 25.
Dour, coiffeur, boulevard de Batignolles, 74.
Dournel, cordonnier, rue de la Paix, 47.
Doutreleau, marchand de vins, avenue de Clichy, 74.
Draps, propriétaire, rue Saint-Louis, 29.
Dreux, marchand de vins, Grand'Rue, 59.

Dreux, charcutier, rue des Dames, 39.
Droux, fabricant de savons, route d'Asnières, 88.
Drussant, pâtissier, rue des Dames, 18.
Dubois, ferblantier, rue de l'Écluse, 26.
Dubois, nourrisseur, rue du Bac-d'Asnières, 3.
Dubois, propriétaire, rue d'Orléans, 63.
Dubois, propriétaire, rue Lemercier, 70.
Dubos (Mme), faïencière, rue de la Paix, 12.
Dubost, charron, rue de Lévis, 75.
Dubost, forgeron, rue de Lévis, 85.
Dubreuil, boulanger, boulevard de Clichy, 62.
Duc, fruitier, rue de la Félicité, 2.
Duchados, prop. de l'Abattoir, avenue de Clichy, 113.
Duchesne, menuisier, rue de Lévis, 88.
Duchesse, propriétaire, rue du Docteur, 5.
Ducoudray, marchand de vins, rue des Dames, 40.
Ducrocq, ustensiles de ménage, rue Lemercier, 19.
Dufour, boucher, rue de Lévis, 66.
Dufour, marchand de vins, rue de Lévis, 19.
Dufour, propriétaire, place de l'Eglise, 8.
Dufour, propriétaire, rue Saint-Louis, 68.
Dufour, propriétaire, rue d'Orléans, 60.
Dufour, marchand de bois, avenue de Clichy, 10.
Dufour (Mme), marchande de vins, avenue de Clichy, 130.
Dufresnoy, marchand de charbons, passage Lathuille, 21.
Duhamel, bal public, boulevard de Batignolles, 88.
Duhamel, marchand de vins, boulevard Monceaux, 6.
Dulacre, marchands de vins, rue de la Paix, 114.
Dulieu, traiteur, Grand'Rue, 16.
Dulong, épicier, rue des Dames, 25.
Dumond, pension bourgeoise, cité Lafontaine, 10.
Dumont, grainetier, avenue de Clichy, 6.
Dumont, propriétaire, rue Truffaut, 36.
Dumoutier, fabricant de chaux, rue d'Antin, 13.
Dunet, propriétaire, rue de l'Eglise, 34.
Duparc, épicier, rue d'Antin, 27.
Dupont, limonadier, avenue Saint-Ouen, 5.
Dupont, marchand de vins, route de la Révolte, 71.
Duport, marchand de vins, avenue de Clichy, 57.
Duprat, propriétaire, rue Cardinet, 28.
Dupuis (Mme), brocanteuse, rue d'Orléans, 90.
Dupuis, propriétaire, rue de l'Hôtel-de-Ville, 5.
Durafour, marchand de charbons, rue de la Félicité, 4.
Durand, propriétaire, rue Lemercier, 3.
Durand, marchand de vins, rue d'Orléans, 14.

Durand, propriétaire, rue Sainte-Thérèse, 11.
Durand, boucher, rue des Dames, 97.
Durand, menuisier en voitures, rue de Lévis, 72.
Durand (Mme), marchande d'huîtres, rue d'Antin, 10.
Duret, quincaillier, rue des Dames, 54.
Durieu (Mlle), crèmière, rue des Batignollaises, 19.
Durozoy, marchand de volailles, rue d'Antin, 28.
Duru, propriétaire, rue Saint-Charles, 9.
Dussillon, vérif. de bâtiments, rue Lemercier, 30.
Dusuc, marchand de vins, rue d'Antin, 50.
Duteil, serrurier, rue Saint-Etienne, 53.
Dutertre, marchand de volailles, rue Truffaut, 22.
Dutheil, boucher, rue des Dames, 47.
Dutheuil, épicier, Grand'Rue, 50.
Dutour, ferblantier, passage Lathuille, 2.
Duval (Mme), brodeuse, rue du Port-Saint-Ouen, 44.
Duval (Mme), blanchisseuse, route de la Révolte, 65.
Duvivier, épicier, avenue de Clichy, 96.
Duzelier, traiteur, boulevard de Batignolles, 8.

## E

Ecrette, propriétaire, rue de la Paix, 62.
Elie, marchand de vins, rue de Lévis, 72.
Enconte, entrepreneur de vidange, Grand'Rue, 18.
Engeland, herboriste, rue Lemercier, 41.
Enot, loueur de cabriolets, rue de Lévis, 92.
Epineuse, entrepreneur, rue Saint-Louis, 26.
Erait, propriétaire, rue de l'Eglise, 14.
Eroux, entrepreneur, rue du Bac-d'Asnières, 4.
Escargueil, chapelier, rue des Dames, 12.
Esgrenat, propriétaire, rue de la Paix, 73.
Esteben, boulanger, rue Truffaut, 39.
Estivain, limonadier, rue des Dames, 101.
Ethis, entrepreneur de bâtiments, rue d'Orléans, 58.
Ethis, blanchisseur, rue Cardinet, 30.
Etourneau, marchand de couleurs, rue de l'Ecluse, 26.
Eveillot, marchand de bois, rue des Moulins, 16.
Evrard (Mme), marchande à la toilette, rue de Lévis, 56.
Evrard, marchand de vins, rue de la Santé, 88.

## F

Fabre, ferblantier, rue des Dames, 98.
Fallet, propriétaire, rue de la Santé, 95.
Fallet, épicier, rue Hélène, 18.

Falletot, blanchisseur, rue d'Antin, 11.
Faloux, tapissier, rue des Dames, 87.
Farcy, marchand de vins, rue Lemercier, 56.
Farfouillon, tailleur, rue Lemercier, 27.
Farral, chapelier, rue Sainte-Thérèse, 9.
Fastier, commission. de transports, rue Cardinet, 57.
Fastré, propriétaire, rue de l'Eglise, 15.
Fatou, bandagiste, rue de Chazelles, 15.
Fauché, marchand de vins en gros, rue Saint-Louis, 58.
Fauché, boucher, Grand'Rue, 58.
Faucher, pharmacien, rue Truffaut, 56.
Faucheur, marchand de vins, rue d'Antin, 6.
Faucompret, babricant de bougies, rue Saint-Etenne, 44.
Fauconnier, boucher, march. de vins, rue de l'Eglise, 7.
Fauconnier propriétaire, route d'Asnières, 15
Fautra, brocanteur, rue d'Orléans, 10.
Fautra, brocanteur, avenue de Clichy, 19.
Fautray (Mme), crèmière, rue Truffaut, 5.
Fauvet, serrurier, rue des Dames, 99.
Fauvet, entrepreneur, impasse d'Antin, 6.
Favarger jeune, calligraphe, rue d'Antin, 20.
Favre, coiffeur, avenue de Clichy, 57.
Favre-Coutillier, marchand de vins, rue de Lévis, 69.
Favrot, propriétaire, rue Saint-Louis, 58.
Fay (Mlles), institutrices, rue de la Paix, 7.
Fayon, coiffeur, rue Saint-Louis, 28.
Fera, médecin, rue Saint-Louis, 4.
Féron, traiteur, boulevart des Batignolles, 98.
Féron fils, propriétaire, rue Truffaut, 11.
Férou, maréchal, place de Lévis, 6.
Ferré, treillageur, rue Boursault, 5.
Ferret, menuisier, rue Saint-Louis, 6.
Ferriat, mercier, rue de Lévis, 25.
Ferrière, marchand de combustibles, rue de la Paix, 33.
Fessart, marchand de vins, boulev. des Batignolles, 94.
Feuillet (Mme), propriétaire, rue Saint-Etenne, 44.
Fèvre, propriétaire, rue Truffaut, 57.
Fey, propriétaire, rue Saint-Etienne, 19.
Fichaut, médecin, rue de l'Eglise, 16.
Fichet, serrurier, rue de Chazelles, 15.
Filiette, charcutier, avenue de Clichy, 111.
Flaget, loueur de cabriol., r. du Chemin-des-Dames, 14.
Flamain, marchand de vins, rue de Lévis, 11.
Flaneau coiffeur, avenue de Clichy, 90.
Flanet, charcutier, avenue de Clichy, 33.

Fléau, coiffeur, rue Lemercier, 1.
Fleulard, marchand de café, rue d'Antin, 24.
Floriet, propriétaire, rue de la Paix, 80.
Fleuriot (Mme), propriétaire, rue Bénard, 56.
Fleurot, boulanger, rue Cardinet, 56.
Fleurot (Mlle), propriétaire, rue Truffaut, 4.
Fleury, boulanger, Grand'Rue, 20.
Florentin, teinturier, rue de la Paix, 62.
Florimont, propriétaire, rue de la Santé, 24.
Fontaine, marchand de vins, rue de la Santé, 21.
Fontalard, propriétaire, rue Lemercier, 88.
Forge, peintre, rue de Lévis, 25.
Forge, marchand de vins, rue d'Orléans, 65.
Forget (Mlle), crémière, rue de la Paix, 15.
Fornari, propriétare, rue de la Paix, 40.
Fortier, propriétaire, rue de la Paix, 91.
Fortier, blanchisseur, rue d'Orléans, 80.
Fosseau de Colombel, propriétaire, rue Truffaut, 13.
Fossin, propriétaire, rue Truffaut, 55.
Foucard, coiffeur, rue des Dames, 92.
Fouché, propriétaire, rue Truffaut, 26.
Fouché, boucher, Grand'Rue, 58.
Fouilleron dit Sans-Pareil, ébéniste, rue Lemercier, 56.
Foulon (Mme), table d'hôte, rue de l'Ecluse, 2.
Fourchotte, boulanger, rue de Lévis, 85.
Fournezeau, pâtissier, rue Truffaut, 33.
Fournial, marchand de vins, boulevart Monceaux, 106.
Fournier, carrossier, rue Bénard, 29.
Fournier, peintre en bâtiments, rue d'Antin, 19.
Fourret (Mme), mercière, rue de la Félicité, 12.
Fouquet, tapissier, Grand'Rue, 21.
Foy, marchand de vins, Grand'Rue, 7.
Foy, propriétaire, rue Truffaut, 5.
Fraise, blanchisseur, rue de la Paix, 54.
Fraisse, marchand de vins en gros, rue de Chartres, 8.
François, marchand de vins, rue Soffroy, 4.
François, marchand de vins, boulevart Monceaux, 26.
Frantz, voiturier, route de la Révolte, 241.
Frementeil, maître maçon, rue du Port-Saint-Ouen, 7.
Frétin, marchand de vins, rue d'Orléans, 98.
Frété dit Langevin, marchand de vins, Grand'Rue, 12.
Fromand, marchand de combustibles, rue Bénard, 26.
Frotta, limonadier, place de l'Eglise, 6.
Fumay, march. de pierres taillées, rue d'Orléans, 45.
Fumay, tailleur de pierres, rue d'Orléans, 60.

## G

Gache, propriétaire, rue de la Paix, 15.
Gacogne, bourrelier, rue de Lévis, 57.
Gaillard, marchand de combustibles, rue de la Paix, 63.
Gaillard, marchand de vins, rue Cardinet, 57.
Gaillard, concierge de la gare, à la Gare.
Gaillard, logeur, rue du Port-Saint-Ouen, 51.
Gallois, coiffeur, rue des Dames, 2.
Gallois, marchand de vins, rue du Garde, 2.
Galand, charcutier, Grand'Rue, 56.
Gapfer, boulanger, rue de l'Eglise, 40.
Garnier, propriétaire, rue d'Orléans, 105.
Garnier, épicier, rue Saint-Louis, 78.
Garnier, march. de pommes de terre, rue de l'Eglise, 26.
Garnier, propriétaire, rue de la Santé, 4.
Garnier, fripier, boulevard de Batignolles, 2.
Garnier, traiteur, Grand'Rue, 57.
Gassin, marchand de laine, avenue de Clichy, 57.
Gatschy, propriétaire, rue Sainte-Thérèse, 15.
Gaudefroy, propriétaire, rue Saint-Louis, 56.
Gaudère, propriétaire, rue de l'Eglise, 11.
Gaultier, cordonnier, rue Lemercier, 11.
Gauthier, boucher, avenue de Clichy, 68.
Gauthier, loueur de cabriolets, rue d'Orléans, 113.
Gauthier, logeur, rue de Lévis, 10.
Gauthier, traiteur, Grand'Rue, 9.
Gautier, pharmacien, Grand'Rue, 56.
Gautier, serrurier, avenue de Clichy, 9.
Gavois, mercier, rue d'Orléans, 104.
Gellée, pharmacien, rue Saint-Louis, 1.
Gence, propriétaire, rue des Moines, 4.
Gendrier, propriétaire, rue d'Orléans, 91.
Genex, loueur de voitures, passage Lathuille, 21.
Genty (Mme), appart. garnis, petite rue de l'Eglise, 15.
Genty, propriétaire, rue Bénard, 21.
Georget (Mme), propriétaire, rue Saint-Louis, 69.
Georget, entrepreneur de peintures, rue Truffaut, 42.
Georget-Devermeron (Mme), propriét., rue St-Louis, 86.
Gerbaut, épicier, rue de l'Ecluse, 5.
Gerbel, propriétaire, rue du Port-Saint-Ouen, 39.
Gerbier, épicier, Grand'Rue, 15.
Germain, propriétaire, rue de l'Eglise, 1.
Geslin (Mme), propriétaire, rue de la Paix, 23.

Geuns, propriétaire, rue du Port-Saint-Ouen, 10.
Gibaut, facteur de pianos, passage Béranger, 16.
Giboury (Mme), charcutière, rue de Lévis, 8.
Gigon, marchand de vins, rue Truffaut, 70.
Gilbert, logeur, rue de la Santé, 34.
Gilbert, boulanger, rue d'Antin, 11.
Gilet, coiffeur, rue des Dames, 5.
Gilibert, marchand de combustibles, rue de l'Eglise, 5.
Gilkinet, menuisier, rue de la Paix, 96.
Gillet, boucher, rue de Lévis, 6.
Gillet, propriétaire, rue Bénard, 26.
Gillet, boucher, Grand'Rue, 19.
Gillet, propriétaire, rue Saint-Louis, 55.
Gillet, propriétaire, cité des Fleurs, 20.
Gilly, propriétaire, rue de la Paix, 21.
Gion (Mme), propriétaire, rue Truffaut, 52.
Girard, loueur de voitures, rue de Lévis, 67.
Giraud, propriétaire, rue Cardinet, 77.
Giraud, menuisier, rue du Hàvre, 8.
Giraud, marchand de vins, boulevard Monceaux, 116.
Giraudet, propriétaire, rue Saint-Etienne, 60.
Giraudier, boulanger, rue de Chazelles, 1.
Girerd, marchand de vins, Grand'Rue, 19.
Girerd, marchand de vins en gros, rue Lemercier, 17.
Giroux, marchand de bois à brûler, rue Lemercier, 6.
Gisdhal, propriétaire, rue de la Paix, 15.
Glann, boulanger, rue du Boulevard, 1.
Gléna, fruitier, rue de la Santé, 59.
Glutzon, loueur de voitures, rue de la Santé, 47.
Godard, maître maçon, avenue Saint-Ouen, 60.
Godard, aéronaute, place de l'Eglise, 5.
Godefroy, agent d'affaires, rue de Lévis, 47.
Godefroy, pâtissier, Grand'Rue, 51.
Godefrin, serrurier, rue Fortin, 18.
Godier, crèmier, rue des Dames, 42.
Golier, tonnelier, avenue de Clichy, 9.
Gombault, marchand de volailles, rue Saint-Louis, 29.
Gonthier, serrurier, rue Truffaut, 7.
Gonthier, nourrisseur, passage Lathuille, 8.
Gonzalès, propriétaire, rue de la Félicité, 1.
Gosse et comp.. fabricants de gaz, avenue de Clichy, 79.
Gotty. mécanicien, rue Lebouteux, 8.
Gouas, pharmacien, Grand'Rue, 34.
Gouault, propriétaire, rue d'Orléans, 111.
Goudry, marbrier, route de la Révolte, 63.

Gouin, compagnie d'assurances, rue de Courcelles, 94.
Gouin et comp., const. de machines, av. de Clichy, 110.
Gourdet, boulanger, boulevard de Clichy, 72.
Goût, coiffeur, rue Lemercier, 19.
Grand (Mme), crémière, rue de Chazelles, 1.
Grandjean, boulanger, rue du Boulevard, 1.
Granier, architecte, rue Sainte-Thérèse, 8.
Grassin, coiffeur, Grand'Rue, 10.
Grattepanche, cordonnier, rue de Lévis, 11.
Gravelle, marchand de parapluies, rue des Dames, 25.
Gredet, propriétaire, rue Lemercier, 27.
Greff, loueur de voitures, rue de la Félicité, 50.
Grelet, coutelier, rue de la Paix, 57.
Grenan, propriétaire, rue Lemercier, 54.
Grenier, épicier, rue de la Paix, 2.
Grière, mercier, rue de la Santé, 36.
Grigny, marchand de vins, rue de Lévis, 90.
Grimouin (Mme), propriétaire, rue de Paris, 20.
Grisot, laitier, rue Sainte-Thérèse, 7.
Grubert, pâtissier, boulevard de Batignolles, 54.
Gruella, accordeur de pianos, rue Lemercier, 45.
Gubillon, nourrisseur, route d'Asnières, 46.
Gubillon, nourrisseur, avenue des Chasseurs, 11.
Guence, propriétaire, rue Lemercier, 22.
Guénot, propriétaire, rue Truffaut, 22.
Guénot, marchand de vins, rue Soffroy, 1.
Guérard, marchand de vins, rue Fortin, 4.
Guerchet, chef de gare, à la Gare.
Guérier, marchand de vins, rue Soffroy, 1.
Guérin, marchand de comestibles, Grand'Rue, 28.
Guetin, marchand de vins, rue Bénard, 1.
Guffroy, marchand de charbons, impasse d'Antin, 12.
Guffroy, marchand de charbons, rue Hélène, 12.
Guibour, marchand de nouveautés, rue de la Paix, 58.
Guidet, fabricant de chocolat, rue des Dames, 66.
Guidon, coutelier, rue d'Antin, 12.
Guiffray, propriétaire, rue d'Orléans, 14.
Guiffray, propriétaire, rue de l'Eglise, 19.
Guilbaut, loueur de cabriolets, rue d'Orléans, 90.
Guillard, marchand de vins, rue de Lévis, 3.
Guillaumet, propriétaire, rue de l'Eglise, 16.
Guillaumin, marchand de vins, Grand'Rue, 26.
Guillaumot, fruitier, rue Truffaut, 53.
Guillé, marchand de combustibles, rue Truffaut, 28.
Guillemin, miroitier, rue de l'Ecluse, 24.

Guiller, propriétaire, rue d'Orléans, 28.
Guillet, marchand de vins, rue des Dames, 63.
Guillet (Mme), fruitière, rue Truffaut, 29.
Guillon, marchand de vins, boulevard Monceaux, 8.
Guillot, marchand de vins, rue de Lévis, 56.
Guimbal, marchand de charbons, rue Cardinet, 31.
Guion-Desmoulins, confiseur, rue Lemercier, 1.
Guiot, propriétaire, rue de la Paix, 106.
Guizelain, charron, route de la Révolte, 189.
Gustin, propriétaire, rue du Docteur, 17.
Guth (Mme), couturière, boulevard de Batignolles, 12.
Gutin, entrepreneur de maçonn., avenue de Clichy, 130.
Gutins, propriétaire, rue de la Paix, 93.
Guyon (Mme), mercière, rue de l'Eglise, 29.
Guyot, boucher, rue des Dames 77.
Guyot, maître de tir, rue d'Orléans, 70.

## H

Haag, propriétaire, rue Saint-Louis, 9.
Hachette, propriétaire, rue de Chartres, 7.
Haguery, brocanteur, rue de l'Eglise, 6.
Halais, marchand de chevaux, rue Saint-Louis, 2.
Hallais (Mme), fondeuse de suif, avenue de Clichy, 115.
Hallot, propriétaire, place de l'Eglise, 6.
Halot, propriétaire, rue de la Paix, 16.
Hamelin, marchand de vins, Grand'Rue, 64.
Hamelin, propriétaire, rue Lemercier, 57.
Hanier, peintre et vitrier, rue de la Paix, 76.
Happey, limonadier, rue des Dames, 51.
Haquette, architecte, rue Lemercier, 58.
Harang, épicier, Grand'Rue, 18.
Hardel, teinturier, rue Truffaut, 27.
Hardy, blanchisseur, rue des Dames, 54.
Hardy, cabinet de lecture, rue Lemercier, 15.
Hassoux, propriétaire, rue Truffaut, 53.
Hattet, tailleur, rue de la Paix, 48.
Haudouart, propriétaire, rue de la Paix, 4.
Haussoulier, épurateur d'huiles, rue des Moines, 4.
Hébert, propriétaire, rue Lemercier, 14.
Hébert, boulanger, avenue de Clichy, 49.
Hébert (Mme), couturière, rue Lemercier, 33.
Hédoux, marchand de vins, rue de l'Eglise, 6.
Hem, tonnelier, avenue de Clichy, 12.
Hémail, traiteur, rue Saint-Louis, 13.

Hémail, propriétaire, rue Saint-Louis, 52.
He g, marchaud de vins, rue de la Paix, 54.
Heng, marchand de vins, Grand'Rue, 41.
Henly (Mlle), propriétaire, rue de la Paix, 24.
Hennebeau, coiffeur, Grand'Rue, 17.
Hennequin, mercier, rue Cardinet, 56.
Henniaux, layetier-emballeur, route d'Asnières, 62.
Hennuyer, imprimeur en caractères, rue du Boulevart, 7.
Hénoc, pâtissier, rue Saint-Louis, 22.
Hénot, brocanteur, Grand'Rue, 41.
Hénot, ferblantier, rue de Lévis, 44.
Henriet, agent d'affaires, rue des Dames, 9.
Henriot, coutelier, rue d'Antin, 26.
Henry, commissionnaire de transports, rue Cardinet, 55.
Henry (Mme) propriétaire, rue Lemercier, 45.
Henry, charcutier, rue Lemercier, 19.
Henry, tapissier, rue Saint-Louis, 59.
Henry, propriétaire, rue de la Santé, 12.
Herbin, fripier, rue Hélène, 15.
Hériché, propriétaire, rue Truffaut, 24.
Héricourt (Mme), blanchisseuse, avenue de Clichy, 25.
Hermann, propriétaire, rue du Port-Saint-Ouen, 44.
Héroux, menuisier, rue Saint-Etienne, 40.
Hervet (Mme), propriétaire, rue Saint-Louis, 57.
Hétis, propriétaire, rue de l'Eglise, 12.
Hétis, propriétaire, rue Truffaut, 47.
Hétis fils, entrepreneur de serrurerie, rue Truffaut, 55.
Hétis, propriétaire, rue Truffaut, 65.
Hétis, propriétaire, rue Truffaut, 68.
Hétis, entrepreneur de bâtiments. rue Cardinet, 73.
Heudier, marchand de vins, avenue Saint-Ouen, 8.
Heuqueville, curé, rue de la Paix, 64.
Heuriet, propriétaire, rue Saint-Louis, 65.
Heurtaux, loueur de cabriolets, rue Cardinet, 59.
Himet, nourrisseur, route de la Révolte, 205.
Hodoyer, propriétaire, avenue des Chasseurs, 15.
Honnet, bottier, rue de la Paix, 59.
Honoré, cabinet de lecture, rue Lemercier, 58.
Hornay, marchand de vins, rue des Dames, 102.
Hotelard, aubergiste, avenue de Clichy, 95.
Houdard, marchand de grains, avenue Saint-Ouen, 23.
Houdard, grainetier, avenue Saint-Ouen, 2.
Houdin, propriétaire, rue des Fermiers, 8.
Housseau, commiss. en marchandises, Grand'Rue, 59.
Houzé, table d'hôte, Grand'Rue, 25.

Houzelot, fabricant, rue de la Paix, 82.
Huart, propriétaire, rue Bénard, 16.
Hutart, modiste, rue des Dames, 4.
Hudault et Lefèvre, crêmiers, rue des Dames, 106.
Huet, marchand de vins, rue de Lévis, 10.
Huet (Mme), crêmière, rue de Lévis, 11.
Hugues, boulanger, rue des Dames, 97.
Humbert, propriétaire, rue de la Santé, 58.
Humbert, marchand de vins, rue Chéroy, 24.
Humbert, marchand de porcelaines, rue des Dames, 57.
Huot (Mme), laitière, route de la Révolte, 167.
Huot, brocanteur, rue Truffaut, 11.
Huré, propriétaire, rue Truffaut, 45.
Huré, propriétaire, place de l'Eglise, 5.
Hurel, liquoriste, rue des Carrières, 7.
Hurez, cordonnier, rue de l'Eglise, 22.
Hurot (Mme), épicière, avenue Saint-Ouen, 15.
Husson, marchand de vins, rue Truffaut, 58.

## I

Infroy, cordier, rue d'Orléans, 101.
Izard, marchand de vins, rue Moncey, 18.

## J

Jaquelard, fruitier, rue des Dames, 113.
Jacquemin, marchand de vins, rue des Dames, 119.
Jacquemin (Mlle), march. de bouillon, rue des Dames, 58.
Jacoby, architecte, rue d'Antin, 15.
Jacotot (Mme), propriétaire, rue Truffaut, 59.
Jacques, propriétaire, rue d'Orléans, 92.
Jacquot, coiffeur, rue du Garde, 2.
Jallade, propriétaire, rue Sainte-Marie, 20.
Jameau, marchand de vins, rue de la Paix, 110.
Jannet, chapelier, rue des Batignollaises, 5.
Jansiaux (Mme), blanchisseuse, rue Moncey, 5.
Jardin (Mme), couturière, rue Lemercier, 45.
Jaspierre, propriétaire, rue Saint-Louis, 58.
Jeangée, nourrisseur, route de la Révolte, 155.
Jean-Louis, épicier, rue d'Orléans, 105.
Jeannet, propriétaire, rue de la Félicité, 22.
Jeanson, propriétaire, rue du Docteur, 2.
Jérôme, entrepreneur de menuiserie, rue Truffaut, 50.
Jippon (Mme), maîtresse de pension, rue Lemercier, 5.

Joly, propriétaire, route Militaire.
Joly, propriétaire, rue du Port-Saint-Ouen, 23.
Joly (Mlle), boulangère, Grand'Rue, 14.
Joly, peintre en bâtiments, Grand'Rue, 13.
Joret, marchand de comestibles, Grand'Rue, 20.
Josselin, épicier, rue Saint-Etienne, 15.
Josselin, marchand de vins, rue Saint-Etienne, 13.
Joseph, menuisier, rue Truffaut, 28.
Jouanne, traiteur, Grand'Rue, 10.
Jouault, marchand de couleurs, rue des Dames, 56.
Joubert, propriétaire, rue Saint-Etienne, 54.
Joubert, fruitier, Grand'Rue, 12.
Joubin, nourrisseur, rue des Dames, 123.
Jouglet, propriétaire, rue Truffaut, 54.
Jouin, peintre en bâtiments, rue de la Paix, 97.
Jourdan, marchand de vins, rue Cardinet, 18.
Jourde, menuisier, boulevard de Clichy, 60.
Jourdeau (Mme), quincaillière, rue Saint-Louis, 1.
Joureau, propriétaire, rue Truffaut, 19.
Journet, marchand de beurre, rue de Lévis, 60.
Jouvard, brocanteur, rue de Lévis, 75.
Jouy de Corwey, propriétaire, rue Lemercier, 36.
Joyeux, entrepreneur, rue de la Santé, 8.
Joyeux, entrepreneur de maçonnerie, rue des Dames, 98.
Juge, propriétaire, rue Lemercier, 16.
Juhellé, propriétaire, rue Lemercier, 28.
Julien, propriétaire, rue Lemercier, 35.
Julien Gervais, blanchisseur, rue de Chazelles, 7.
Jullemier, propriétaire, rue des Moines, 21.
Jumentier, nourrisseur, route d'Asnières, 77.
Jury, brocanteur, rue de Lévis, 33.
Juvency, pâtissier, Grand'Rue, 15.

## K

Karebiewiez, médecin, rue Lechapelois, 10.
Kieffer, cafetier, Grand'Rue, 52.
Kleener, propriétaire, rue Lemercier, 31.
Kling, marchand de meubles, rue Puteaux, 18.
Kurtzhals, marchand de vins, rue Jeanne-d'Asnières, 13.

## L

Labbaye, menuisier, rue de la Terrasse, 4.
Labbé, merceries et modes, rue d'Antin, 25.

Laborde, pâtissier, rue de Lévis, 21.
Labrousse, maréchal, avenue de Clichy, 7.
Lacassagne, marchand de bois, avenue Saint-Ouen, 11.
Lachenal, nourrisseur, avenue Saint-Ouen, 18.
Lacheraye, épicier et menuisier, rue de Lévis, 5.
Lacombes, marchand de vins, rue des Dames, 25.
Lacoste, marchand de vins, Grand'Rue, 47.
Lacoste, fruitier, avenue de Clichy, 70.
Lacour, blanchisseur, route de la Révolte, 91.
Lacroix, fruitier, rue Lemercier, 25.
Lacroix, fruitier, avenue de Clichy, 21.
Lacroix, propriétaire, cité des Fleurs, 16.
Lacroix, entrep. de maçonnerie, avenue de Clichy, 90.
Lacourt, épicier, rue des Dames, 75.
Lafontinelle, propriétaire, rue de-Chartres, 8.
Laforêt (Mme), couturière, rue de l'Ecluse, 8.
Laget, marchand de combustibles, Grand'Rue, 24.
Lagille, blanchisseur, impasse Fauconnier, 6.
Lagnan, droguiste, rue de la Félicité, 1.
Lagourière, gérant des paveurs, rue Bénard, 9.
Laguionie, marchand de vins, rue des Dames, 2.
Lahoche (Mme), marchande de vins, rue Salneuve, 22.
Lahon (Mme), crèmière, rue de la Paix, 114.
Laidin, marchand de vins, boulevard de Batignolles, 88.
Lainé, propriétaire, rue de la Paix, 22.
Lainé, propriétaire, rue de la Paix, 20.
Lainé, nourrisseur, rue Cardinet, 40.
Laisné, entrepreneur, rue Truffaut, 51.
Lalabarbe, serrurier, rue Sainte-Marie, 22.
Lallemand, fruitier, rue Saint-Louis, 41.
Lamarche, propriétaire, rue de l'Hôtel-de-Ville, 7.
Lambert, traiteur, rue de Lévis, 17.
Lambert, marchand de vins, route d'Asnières, 2.
Lambert, propriétaire, rue de la Paix, 52.
Lambert, propriétaire, rue Cardinet, 48.
Lamecrusse, propriétaire, place de l'Eglise, 4.
Lamotte, crèmier, rue de l'Eglise, 20.
Lamoureux, propriétaire, rue Lemercier, 25.
Lamouroux, maréchal, rue Capron, 5.
Lamy, commissionnaire de transports, rue Cardinet, 14.
Lamy, propriétaire, rue du Port-Saint-Ouen, 13.
Landrieux, crèmier, rue Lemercier, 7.
Landron, propriétaire, rue de la Paix, 60.
Lanetin, propriétaire, rue Cardinet, 71.
Lang, propriétaire, rue Cardinet, 18.

Langelot (Mme), marchande d'huile, rue Saint-Louis, 54.
Langlois (Mme), corsetière, rue Lemercier, 10.
Langlois, marchand de vins, avenue de Clichy, 103.
Langlois, charcutier, rue des Dames, 18.
Langrier, fruitier, rue de Lévis, 36.
Lanne, marchand de tabac, rue d'Orléans, 25.
Lanoir, marchand de vins, avenue Saint-Ouen, 48.
Lapeloque, fruitier, rue Saint-Jean, 8.
Lapied, épicier, rue Saint-Louis, 9.
Laplanche, architecte, rue des Dames, 43.
Laporte, propriétaire, rue Truffaut, 70.
Lardeau, marchand de vins, rue de la Paix, 29.
Lassère, marchand de vins, rue d'Antin, 17.
Lathuille, propriétaire, Grand'Rue, 9.
Laugronne, voiturier, route de la Révolte, 123.
Laurence, abbé, rue de l'Eglise, 4.
Laurençon, boulanger, rue des Dames, 61.
Laurent, marchand de vins, avenue Saint-Ouen, 11.
Laurent-Mocquot, march. de nouveautés, rue St-Louis, 2.
Lauvergne, appartements garnis, rue Saint-Etienne, 17.
Lauzier, propriétaire, rue Cardinet, 45.
Lavallée, ferrailleur, boulevard Monceaux, 102.
Laverdet, entrepreneur de maçonnerie, rue Caroline, 13.
Laverdet, entrepreneur de maçonnerie, rue des Dames, 66.
Lebel, coiffeur, rue des Dames, 5.
Leblanc (Mme), pension bourgeoise, rue de la Paix, 66.
Leblanc (Mme), mercière, rue de Lévis, 44.
Leblond, nourrisseur, rue des Carrières, 22.
Lebœuf, marchand de crépins, rue des Dames, 67.
Lebon, blanchisseur, rue de la Santé, 6.
Lebour, taillandier, rue des Dames, 107.
Lebouteux (Mme), propriétaire, rue de Lévis, 23.
Lebreton, marchand de vins en gros, rue de l'Eglise, 4.
Lebreton, marchand de vins en gros, rue Truffaut, 33.
Lebreton, eaux minérales, rue Caroline, 18.
Lebreton, fondeur de suif, route de la Révolte, 1.
Lebreton, menuisier en voitures, rue d'Orléans, 84.
Lebrohère, cordonnier, rue d'Orléans, 114.
Lebrun, propriétaire, rue Truffaut, 29.
Lebrun, propriétaire, rue de la Paix, 57.
Lecas (Mlle), table d'hôte, rue des Dames, 78.
Leclaire, fabricant de couleurs, rue Cardinet, 54.
Leclerc, épicier, rue de l'Ecluse, 26.
Leclerc, traiteur, rue d'Antin, 2.
Leclerc, propriétaire, rue Saint-Louis, 56.

Leclerc, marchand de vins, avenue Saint-Ouen, 62.
Lecomte, habillements confectionnés, rue d'Antin, 26.
Lecouture, voiturier, rue Cardinet, 63.
Lecomte, blanchisseur, route de la Révolte, 85.
Lecomte, propriétaire, rue du Bac-d'Asnières, 9.
Lecomte, médecin, Grand'Rue, 40.
Lécuyer, marchand de bierre, rue des Dames, 63.
Lefèvre, boucher, boulevard de Batignolles, 8.
Ledormeur, loueur de voitures, avenue Saint-Ouen, 18.
Ledran, blanchisseur, route de la Révolte, 85.
Lefebvre (Mme), loueuse en garni, cité des Fleurs, 19.
Lefèvre, nourrisseur, rue de la Santé, 110.
Lefèvre (Mme), propriétaire, rue Saint-Louis, 80.
Lefèvre (Mlle), maît. de pension, rue des Moulins, 16.
Lefèvre, marchand de faïence, rue des Dames, 19.
Lefranc, propriétaire, cité Lafontaine, 2.
Legendre, propriétaire, rue Cardinet, 57.
Legendre, traiteur, rue de Lévis, 4.
Legendre, boucher, rue de la Paix, 44.
Léger, menuisier, rue d'Orléans, 102.
Legrand, mercier, rue de la Santé, 1.
Léger fils, nourrisseur, rue de Lévis, 63.
Léger, menuisier, rue d'Orléans, 102.
Legoupil (Mme), lingère, rue des Dames, 74.
Legrand, loueur de cabriolets, rue de Lévis, 61.
Legrand, boucher, rue Truffaut, 39.
Legrand, boucher, rue de la Paix, 91.
Legrand, propriétaire, rue d'Orléans, 84.
Legrand, marchand de vins, rue du Garde, 1.
Legras, propriétaire, rue d'Orléans, 29.
Legras, propriétaire, rue du Port-Saint-Ouen, 52.
Leguay, charcutier, Grand'Rue, 51.
Leguay, couvreur, rue d'Orléans, 87.
Lehongre (Mlle), fripière, rue des Dames, 102.
Leib, ferblantier, rue de la Paix, 56.
Lejeune, chaudronnier, Grand'Rue, 60.
Lejeune, agent voyer, rue du Port Saint-Ouen, 23.
Lelarge, marchand de bois, petite rue de l'Eglise, 7.
Lelarge, marchand de bois à brûler, rue d'Orléans, 67.
Lelarge, propriétaire, rue Bénard, 8.
Leleu, architecte, rue Saint-Louis, 82.
Leleu, fabricant de couleurs, Grand'Rue, 43.
Leloup, propriétaire, petite rue de l'Eglise, 5.
Lemagnen, loueur de voitures, rue de la Paix, 49.
Lemaître, papetier, rue des Dames, 47.

Lemaître, propriétaire, rue du Port-Saint-Ouen, 20.
Lemaitre, horloger, rue Lemercier, 1.
Lemaraisquier, cordonnier, rue de la Paix, 62.
Lemaréchal, entrepositaire, rue Cardinet, 27.
Lemarier, propriétaire, rue de l'Eglise, 38.
Lemarié, entrepren. de bâtiments, rue de Chartres, 10.
Lemasurier, crèmier, rue Saint-Louis, 9.
Lemeaux, médecin, rue des Carrières, 9.
Lemelle, marchand de vins, route d'Asnières, 72.
Lemoine, marchand de vins, rue de la Santé, 1.
Lemoine, propriétaire, rue Saint-Louis, 24.
Lemoine, peintre en décors, rue d'Orléans, 13.
Lemoine, tonnelier, rue d'Antin, 16.
Lemoyne, propriétaire, rue d'Orléans, 13.
Lenglier, faïencier, rue de Lévis, 44.
Lennetais, marchand de bouillon, rue de l'Eglise, 4.
Lenoir, nourrisseur, rue des Carrières, 24.
Lenoir, marchand de vins, route d'Asnières, 58.
Lenormand, propriétaire, Grand'Rue, 53.
Léonard, marchand de grains, Grand'Rue, 35.
Léonard, marchand de vins, rue d'Orléans, 85.
Léonard, loueur de cabriolets, rue de Chartres, 3.
Lepage, fab. de pipes végétales, avenue de Clichy, 20.
Lepage, marchand de vins, rue Cardinet, 28.
Lépagnez, bottier, rue Lemercier, 42.
Lepareur, marbrier, route de la Révolte, 71.
Lepère, propriétaire, rue Sainte-Marie, 8.
Lepeu, entrepreneur, rue de la Santé, 27.
Lépilleur, laitier, rue de la Félicité, 28.
Lépinoy, coiffeur, rue de Lévis, 31.
Leprêtre, fruitier, rue Lechapelais, 13.
Lerche, fripier, boulevard de Clichy, 60.
Leroux, marchand de vins, avenue de Clichy, 11.
Leroux, boucher, rue Lemercier, 28.
Leroux, fleuriste, Grand'Rue, 54.
Leroux, tailleur, rue de la Paix, 60.
Leroux, nourrisseur, avenue Saint-Ouen, 18.
Leroy (Mme), maîtresse de pension, rue des Carrières, 14.
Leroy, serrurier, rue d'Antin, 12.
Leroy, marchand de porcelaines, rue des Dames, 6.
Leroy, boucher, Grand'Rue, 55.
Lesage, propriétaire, rue Truffaut, 45.
Leschenault du Rupt, propriétaire, cité Lafontaine, 4.
Lescot, traiteur, boulevard de Batignolles, 104.
Lescure, propriétaire, rue Saint-Louis, 51.

Lesieur, entrepreneur de pavage, route d'Asnières, 58.
Lesourd, épicier, avenue de Clichy, 18.
Lesourd, boucher, Grand'Rue, 7.
Lespinasse, propriétaire, rue Truffaut, 18.
Letellier, appartements garnis, petite rue de l'Eglise, 5.
Letellier (Mlle), maitresse de pension, rue Truffaut, 50.
Letellier, corroyeur, rue de la Terrasse, 52.
Letinois, marchand de vins, rue Cardinet, 51.
Letiran, marchand de vins, avenue de Clichy, 50.
Letourneau, maréchal, rue de Lévis, 16.
Letourneau, propriétaire, rue Cardinet, 79.
Letourneau, propriétaire, rue d'Orléans, 117.
Letourneur, architecte, rue d'Antin, 20.
Levard, maitre de pension, petite rue de l'Eglise, 9.
Levasseur, propriétaire, rue Sainte-Marie, 6.
Levasseur, friturier, Grand'Rue, 2.
Levasseur, propriétaire, rue de l'Hôtel-de-Ville, 9.
Leveau, tailleur, rue Saint-Louis, 26.
Léveillé, fruitier, rue du Port-Saint-Ouen, 5.
Levent, entrepreneur d'éclairage, Grand'Rue, 49.
Levoin, blanchisseur, route de la Révolte, 85.
Lherminier, ébéniste, rue de la Paix, 64.
Lheureux, voiturier-camionneur, rue d'Orléans, 63.
Lheureux, sous-chef de la gare, à la gare.
Lhomme, toiseur, rue Capron, 19.
Lhomme, marchand de vins, rue Truffaut, 29.
Lhéritier, limonadier, rue des Dames, 46.
Lhuillier, marchand de charbons, rue des Carrières, 13.
Lhuilier, crémier, rue de la Santé, 21.
Liance, charron, route d'Asnières, 5.
Libert, propriétaire, rue Lemercier, 21.
Libert, traiteur, rue Moncey, 1.
Lilly, hôtel garni, boulevard de Clichy, 72.
Lieutard, architecte, rue de la Paix, 50.
Lion, brocanteur, avenue de Clichy, 26.
Loiseau, ferblantier, Grand'Rue, 17.
Loisel (Mme), brocanteuse, rue d'Antin, 16.
Longuet, propriétaire, rue Truffaut, 48.
Lopisgisch, propriétaire, rue Cardinet, 59.
Lorin, boulanger, rue des Dames, 28.
Loriot (Mme), fruitière, rue Lemercier, 45.
Lorrière, coiffeur, rue des Dames, 51.
Louet, cafetier, rue d'Orléans, 104.
Louette, marchand de vins, rue de la Santé, 87.
Louis (Claude), voiturier, rue Cardinet, 79.

Louis, coiffeur, rue Lemercier, 44.
Louite, épicier, rue du Garde, 1.
Lourdeau, propriétaire, rue de la Paix, 104.
Louvet, marchand de vins, rue de Lévis, 57.
Louvel, propriétaire, cité Lafontaine, 13.
Luc, marchand de parapluies, rue des Dames, 43.
Lunel (Mme), crèmière, rue Hélène, 13.
Lusna, fruitier crèmier, rue Saint-Louis, 2.
Lusson, charron, rue de l'Eglise, 26.
Luton, logeur en garni, rue d'Orléans, 28.

## M

Madec, propriétaire, route Militaire.
Mages (Mme), march. de vins, boul. de Batignolles, 72.
Magnant, société des inventeurs, rue d'Antin, 25.
Magnant, propriétaire, rue du Port-Saint-Ouen, 12.
Mahé, débitant de tabac, Grand'Rue, 6.
Maigrat, marchand de vins, boulevard Monceaux, 22.
Maigrot, propriétaire, rue d'Orléans, 94.
Maillard, propriétaire, rue Saint-Etienne, 27.
Maillet, blanchisseur, rue de la Santé, 97.
Maingaut, propriétaire, rue Saint-Etienne, 28.
Maire, table d'hôte, rue d'Antin, 7.
Maître, propriétaire, rue Saint-Louis, 16.
Malfilâtre, pharmacien, rue des Dames, 55.
Malivoire, entrepreneur de peintures, rue St-Louis, 42.
Mallarme, ferblantier, rue de Lévis, 81.
Mallet, propriétaire, rue de la Félicité, 28.
Malpère, propriétaire, rue de l'Eglise, 20.
Malpertuis, herboriste, avenue de Clichy, 25.
Maltès, menuisier, boulevard Monceaux, 116.
Mancelin, blanchisseur, route de la Révolte, 83.
Manche, épicier, Grand'Rue, 40.
Mancienne fils, nourrisseur, passage Lathuille, 6.
Manciet, épicier, rue Moncey, 2.
Manchion, table d'hôte, rue Lemercier, 12.
Manchion, fab. de pâtes alimentaires, rue St-Louis, 69.
Manchion, propriétaire, rue Lemercier, 6.
Manchon, entrepositaire, passage Lathuille, 21.
Manchon frères, entrepositaires, passage Lathuille, 21.
Mandl, marchand de vins, rue des Carrières, 20.
Mangelschoot, propriétaire, rue de l'Eglise, 24.
Marcel, marchand de vins, boulevard Monceaux, 98.
Maréchal, cordonnier, rue d'Antin, 25.

Maréchal. épicier, rue d'Antin, 18.
Marie, propriétaire, rue d'Orléans, 43.
Marie, brocanteur, Grand'Rue, 57.
Marie, teinturier, rue des Dames, 23.
Marie (Mlle), crèmière, rue Truffaut, 48.
Marié, géomètre, Grand'Rue, 49.
Marivain, limonadier, rue Saint-Louis, 1.
Marlin, maréchal, avenue de Clichy, 91.
Marminia, propriétaire, rue Saint-Étienne, 58.
Martin, propriétaire, rue du Port-Saint-Ouen, 53.
Martin, propriétaire, rue du Port-Saint-Ouen, 18.
Martin (Mme), épicière, rue des Dames, 27.
Martin, bourrelier, avenue de Clichy, 1.
Martin, boucher, boulevard de Batignolles, 2.
Martin (Mme), lingère, rue des Dames, 114.
Martine (Mme), propriétaire, rue Saint-Louis, 66.
Martinelli, médecin, rue Saint-Louis, 78.
Martot (Mlle), lingère, Grand'Rue, 23.
Marquis fils, marchand de grains, rue de Lévis, 9.
Marquis, propriétaire, rue de la Santé, 47.
Marx, marchand de nouveautés, Grand'Rue, 49.
Mary, loueur de voitures, rue du Bac-d'Asnières, 2.
Mary, table d'hôte, rue Lemercier, 57.
Marzoli, propriétaire, rue Truffaut, 20.
Masingue, loueur de voitures, rue de Chartres, 3.
Massart, propriétaire, rue du Port-Saint-Ouen, 28.
Massé (Mlle), blanchisseuse, rue Lemercier, 17.
Massent, propriétaire, rue d'Orléans, 17.
Massieu, marchand de vins, route d'Asnières, 87.
Massieux, nourrisseur, rue de la Félicité, 33.
Masson, épicier, Grand'Rue, 23.
Mater, propriétaire, rue Sainte-Marie, 7.
Mathieu, herboriste, Grand'Rue, 15.
Mathieu, propriétaire, rue Truffaut, 14.
Mathis, propriétaire, rue Saint-Etienne, 53.
Mathon (Mme), propriétaire, rue Lemercier, 1.
Maton, coiffeur, avenue de Clichy, 16.
Matté. nourrisseur, rue d'Orléans, 72.
Mauchain, coquetier, rue de la Terrasse, 9.
Maugé, nourisseur, rue de l'Eglise, 56.
Maugé, toiseur, rue de l'Eglise, 7.
Maugé, nourrisseur, rue Sainte-Marie, 7.
Maugé, nourrisseur, rue de la Santé, 54.
Maugin, marchand de bois, avenue de Clichy, 56.
Maupin, fruitier, rue de Lévis, 29.

Maurey, épicier, Grand'Rue, 62.
Maurice, peintre en décors, rue Lecomte, 5.
Maurice, loueur de voitures, passage Lathuille, 21.
Mautpère, ferblantier lampiste, rue de Lévis, 13.
Mavet (Mme), lingère, rue des Dames, 23.
Mayan, propriétaire, rue du Hàvre, 18.
Mayaudon, épicier, rue des Dames, 31.
Mayer, tailleur, rue Saint-Louis, 9.
Mayet, fabricant de cannes, rue Truffaut, 4.
Mayeux, maître de pension, rue du Hàvre, 11.
Mayot, limonadier, avenue de Clichy, 41.
Mayot, propriétaire, rue Sainte-Thérèse, 19.
Maze, propriétaire, rue Lemercier, 66.
Meigneux, épicier, rue de Lévis, 27.
Meigneux, marchand de vins, rue de la Santé, 2.
Meihaut, voiturier, rue de Lévis, 21.
Melchior, menuisier, impasse d'Antin, 3.
Mélier, propriétaire, rue Lemercier, 63.
Méline, blanchisseur, route de la Révolte, 27.
Melon, menuisier, cité des Fleurs, 22.
Ménager, marchand de beurre, rue de Lévis, 52.
Mendibour, propriétaire, rue de la Paix, 9.
Ménesson, agent d'affaires, place de l'Eglise, 7.
Menstel, camionneur, avenue de Clichy, 43.
Mercier, charron, impasse d'Antin, 12.
Mercier, horloger, rue des Dames, 40.
Mercier, brocanteur, rue Bénard, 1.
Mercier, propriétaire du lavoir, rue d'Orléans, 10.
Mercier, loueur de voitures, rue d'Orléans, 117.
Mesnager, marchand de lait, rue de Lévis, 92.
Mesnier, boucher, rue des Dames, 98.
Mestais, crèmier, rue Saint-Louis, 33.
Mestre, propriétaire, rue Sainte-Marie, 1.
Métral, logements garnis, rue Saint-Louis, 64.
Meunier, marchand de vins, rue de Chazelles, L.
Mevrel, propriétaire, rue Saint-Louis, 4.
Meyer, propriétaire, rue Bénard, 7.
Mézy, propriétaire, rue d'Orléans, 23.
Mézy, marchand de combustibles, avenue St-Ouen, 13.
Mézy, marchand de combustibles, avenue de Clichy, 28.
Mézy (Mme), march. de combustib'es, rue des Dames, 28.
Mias, marchand de vins, Grand'Rue, 50.
Michard, serrurier, avenue de Clichy, 44.
Michaud dit Castillan, entrep., rue de Chartres, 18.
Michaud, poëlier, passage Lathuille, 9.

Michaud dit Castillan, entrepreneur, rue Moncey, 4.
Michaud, agent d'affaires, rue des Dames, 45.
Michaud, marchand de vins, rue Lemercier, 52.
Michaud, épicier, rue d'Orléans. 94.
Michaux (Mme), maîtresse de pension, rue St-Louis, 57.
Michel, boucher, rue des Dames, 5.
Michel, propriétaire, rue Cardinet, 40.
Michel, marchand de bouillon, rue des Dames, 49.
Michelot, fruitier, rue de Lévis, 89.
Micollier, propriétaire, rue de l'Eglise, 55.
Mignan fils, menuisier, passage Béranger, 5.
Mignaud (Mme), marchande de vins, rue de Lévis, 6.
Mignot, charron, rue des Dames, 110.
Millé, limonadier, place de l'Eglise, 22.
Miller (Mme), blanchisseur, rue Fortin, 46.
Millet (Mme), nourrisseuse, rue de Paris, 54.
Millet, propriétaire, rue d'Orléans, 100.
Million, propriétaire, rue Saint-Louis, 50.
Milot, loueur de voitures, rue d'Orléans, 117.
Minet, marchand de vins, rue de la Paix, 59.
Minet, propriétaire, rue de la Paix, 47.
Minet, grainetier, Grand'Rue, 55.
Miolaine, marchand de vins, rue des Dames, 74.
Mire, bourrelier, avenue Saint-Ouen, 12.
Mittou, marchand de vins, rue d'Antin, 10.
Mocquot, boulanger, rue Lemercier, 44.
Mohr, propriétaire, rue de la Paix, 13.
Moineau, marchand de vins, rue Lebouteux, 26.
Moity, propriétaire, rue d'Orléans, 55.
Moity, propriétaire, rue d'Orléans, 56.
Moity, propriétaire, rue Saint-Louis, 78.
Molas, propriétaire, rue Truffaut, 38.
Molinier fils, serrurier, rue des Dames, 102.
Monchnette, herboriste, rue des Dames, 40.
Mondin, entrepreneur, rue d'Orléans, 54.
Mondot, entrep. de déménagements, rue Lemercier, 57.
Monet, fruitier, rue de la Paix, 91.
Monet, propriétaire, rue de Chartres, 5.
Monique, marchand de vins, rue des Dames, 54.
Monnard, marchand de vins, boulevard de Clichy, 62.
Montagnon (Mme), maît. de pension, rue St-Etienne, 44.
Montcanil, grainetier, avenue Saint-Ouen, 5.
Monteil, entrep. de liqueurs, rue des Batignollaises, 15.
Montenolle, couvreur, rue Truffaut, 65.
Montizer (Mme), mercerie et nouveautés, rue St-Louis, 29.

Montmessin, marchand de vins, boul. de Batignolles, 96.
Moran, épicier, rue de l'Eglise, 58.
Mordelet, maréchal, rue de Lévis, 75.
Moreau (Mme), propriétaire, rue d'Orléans, 70.
Moreau, arquebusier, rue Moncey, 21.
Moreau, logeur, rue de Lévis, 10.
Moreau, menuisier, rue de l'Eglise, 20.
Moreau (Mme), propriétaire, rue de l'Eglise, 15.
Morel, bonnetier, rue du Boulevard, 28.
Morin, marchand de vins, rue de l'Ecluse, 16.
Morin, propriétaire, rue Sainte-Marie, 10.
Morin, brocanteur, rue de la Santé, 58.
Morin, brocanteur, rue des Dames, 76.
Morin, marchand de vins, avenue de Clichy, 142.
Morin, boucher, rue d'Orléans, 91.
Morizot, épicier, avenue de Clichy, 5.
Morlet (Mlle), marchande de vins, rue Truffaut, 46.
Mortegoutte, boulanger, avenue de Clichy, 29.
Motte, marchand de vins, Grand'Rue, 23.
Mouchard, épicier, Grand'Rue, 58.
Mouchet, coquetier, rue de Lévis, 78.
Mouillon, médecin, rue Soffroy, 7.
Moulin, boulanger, rue Truffaut, 12.
Moulin, propriétaire, rue Saint-Louis, 13.
Moulin, corroyeur, rue des Dames, 65.
Moulin, grainetier, rue d'Antin, 6.
Moussart, table d'hôte, rue d'Antin, 11.
Moussard (Mme), table d'hôte, rue de l'Ecluse, 18.
Moutz, propriétaire, rue Truffaut, 41.
Moutz, propriétaire, rue Sainte-Marie, 4.
Mouzin, serrurier, place de Lévis, 6.
Mugnier, propriétaire, rue Saint-Etienne, 13.
Muguet, fruitier, rue Hélène, 18.
Mulard, blanchisseur, rue Sainte-Marie, 4.
Munier, cordonnier, rue Lemercier, 13.
Mussart, marchand de vins, rue de Lévis, 74.
Mutel, loueur de voitures, rue d'Orléans, 115.
Mutel (Mme), laitière, rue des Fermiers, 9.
Muths, boulanger, rue des Dames, 57.

## N

Nantais, nourrisseur, avenue Saint-Ouen, 19.
Naquet (Mme), marchande de vins, route d'Asnières, 17.
Natté, cordonnier, rue Saint-Louis, 29.

Néel, nourrisseur, avenue Saint-Ouen, 70.
Nessy, fumiste, Grand'Rue, 41.
Neys (Mme), bouchère, Grand'Rue, 43
Nicaise, cordonnier, rue des Dames, 115.
Nicolas, herboriste, rue des Dames, 69.
Nicolas, marchand de combustibles, rue Truffaut, 53.
Nicolas, marchand de combustibles, rue de l'Eglise, 24.
Nicot, maître maçon, rue de Lévis, 90.
Nidrich, épicier, rue Bénard, 25.
Nidrick, peintre en bâtiments, rue Truffaut, 5.
Niquet, propriétaire, rue Saint-Etienne, 56.
Nizet, cordonnier, avenue de Clichy, 26.
Noé, blanchisseur, rue des Dames, 54.
Noel, fruitier, avenue de Clichy, 55.
Noel, propriéta're, rue de la Paix, 64.
Noel, marchand de vins, rue de la Santé, 1.
Notta, propriétaire, rue Saint-Louis, 18.
Nottré, march. de vaches, rue du Chemin-des-Bœufs, 8.
Nouguier, propriétaire, rue de la Santé, 48.

### O

Odiot, marchand de vins, boulevard Monceaux, 66.
Ody (Mme), crèmière, rue Truffaut, 46.
Ogier, teinturier, rue de l'Ecluse, 29.
Ognier (Mme), marchande de nouveautés, Grand'Rue, 38.
Olin-Bisson, pâtissier, Grand'Rue, 46.
Ollivon, boucher, avenue de Clichy, 87.
Oraa (Mme), propriétaire, rue Saint-Louis, 74.
Orillard, médecin, rue des Dames, 54.
Oudit, cordonnier, Grand'Rue, 54.

### P

Paillard fils, limonadier, rue de la Paix, 46.
Paganeau, marchand à la toilette, Grand'Rue, 12.
Panilieu (Mme), propriétaire, rue de la Paix, 2.
Panis, propriétaire, petite rue de l'Eglise, 7.
Paquin, boulanger, rue Lemercier, 22.
Paradis, abbé, rue de l'Eglise, 18.
Pardhaillan, propriétaire, rue Saint-Louis, 23.
Paret, propriétaire, rue de l'Eglise, 8.
Paris, loueur de cabriolets, rue de Lévis, 92.
Parisse, épicier, rue de la Paix, 65.
Parisot, fruitier, place de l'Eglise, 3.

Parizot, propriétaire, rue de la Santé, 6.
Parmentier, blanchisseur, rue Truffaut, 12.
Parnot, propriétaire, rue d'Orléans, 80.
Parod, horloger, Grand'Rue, 56.
Parot, logeur, rue de la Santé, 74.
Pascal (Mme), modes et lingeries, Grand'Rue, 42.
Pascal, propriétaire, rue du Chemin-des-Bœufs, 7.
Pasquet (Mme), couturière, rue Sainte-Marie, 1.
Paturel, fruitier, rue Saint-Louis, 53.
Péan dit Gervais, bal public, rue de Courcelles, 10.
Pecquet, marchand de vins, rue des Dames, 106.
Pécru, épicier, rue de Lévis, 92.
Pelamourgues (Mme), logeuse, rue de la Paix, 94.
Pelfrène (Mme), logeuse, rue de la Santé, 9.
Pellard, charcutier, rue de l'Eglise, 4.
Pellerin, marchand de sucre, rue d'Antin, 24.
Pelletier, coiffeur, rue de l'Eglise, 4.
Pelletier, épicier, avenue de Clichy, 33.
Peltier (Mme), propriétaire, rue de la Santé, 7.
Penel, boucher, rue de l'Ecluse, 31.
Péquigna (Mme), teinturière, rue d'Antin, 7.
Petit, propriétaire, rue de Chartres, 15.
Petit-Devaucelle, propriétaire, rue de la Paix, 37.
Petit, boucher, rue de la Paix, 57.
Pey, maître maçon, rue de la Santé, 99.
Petit, nourrisseur, rue du Bac-d'Asnières, 7.
Pey, propriétaire, rue Saint-Etienne, 19.
Pessat, propriétaire, rue Bénard, 29.
Petit, limonadier, rue des Dames, 53.
Petit, marchand de chaises, rue d'Antin, 18.
Petit, limonadier, Grand'Rue, 23.
Petit, nourrisseur, avenue Saint-Ouen, 28.
Percheron, march. de charbons, boul. de Batignolles, 24.
Perdu, fruitier, rue de Lévis, 52.
Père, propriétaire, rue de l'Eglise, 29.
Pergod, loueur en garni, rue Saint-Louis, 99.
Périnot (Mme), laitière, rue de la Paix, 98.
Pernot, marchand de vins, rue d'Orléans, 100.
Pernot, marchand de vins, rue de la Santé, 39.
Perreau, propriétaire, rue de la Paix, 7.
Perret, marchand de crépins, rue Lemercier, 5.
Perrier, marchand de vins, boulevard de Batignolles, 94.
Perrier, nourrisseur, route d'Asnières, 79.
Perrigot, propriétaire, cité Lafontaine, 11.
Perrin, vicaire, rue d'Orléans, 80.

Perrin, propriétaire, rue Sainte-Marie, 14.
Perrot, propriétaire, rue de la Paix, 26.
Pérot, mercier, rue de l'Eglise, 31.
Perot, propriétaire, rue Saint-Etienne, 26.
Philippe, bonnetier, rue Saint-Louis, 18.
Philippe (Mme), marchande de vins, place de l'Eglise, 1.
Philippot, marchand de vins, passage Saint-Pierre, 2.
Piantony, propriétaire, rue d'Orléans, 24.
Piat (Mme), retordeuse de soie, rue d'Orléans, 17.
Picard, limonadier, rue de Lévis, 13.
Picard, marchand de vins, rue des Dames, 42.
Picard-Belleville, propriétaire, rue Truffaut, 23.
Picherot, menuisier, rue Lemercier, 6.
Pichon, fruitier, rue de Lévis, 69.
Pichon (Mme), propriétaire, rue Cardinet, 67.
Pieddeloup, épicier, rue Fortin, 19.
Piedfert, médecin, rue Truffaut, 57.
Piedsoq, boucher, rue d'Antin, 50.
Pierlot, cordonnier, rue de la Paix, 116.
Pigeaux, propriétaire, rue du Docteur, 2.
Pillé, fabricant de couronnes, rue de l'Eglise, 13.
Pilois, propriétaire, rue de l'Eglise, 22.
Pillot, cabinet de lecture, rue des Dames, 32.
Pinotot (Mme), blanchisseuse, rue Truffaut, 11.
Pinte, épicier, rue de Lévis, 55.
Piot (Mlle), rotisseuse, rue des Dames, 12.
Piron, propriétaire,, rue de la Santé, 10.
Pivron, march. de tabac, boulevard de Batignolles, 94.
Plaigne, logeur, rue de la Paix, 93.
Plançon, boulanger, rue de Lévis, 2.
Plantelin, propriétaire, rue Saint-Charles, 22.
Platel, nourrisseur, route d'Asnières, 75.
Platt, propriétaire, rue Cardinet, 69.
Plique, marchand de vins, rue Moncey, 8.
Plocque, charcutier, avenue de Clichy, 87.
Pochet, marchand de vins, avenue de Clichy, 58.
Pochet, loueur de voitures, rue d'Orléans, 117.
Pochet, blanchisseur, rue Chéroy, 17.
Poignant, marchand de vins, avenue de Clichy, 86.
Poignant, charpentier, avenue de Clichy, 75.
Poiré, marchand de meubles, Grand'Rue, 3.
Poiré, cordonnier, rue des Dames, 54.
Poirier, propriétaire, rue des Fermiers, 6.
Poncet, brocanteur, rue Bénard, 16.
Ponson, ferrailleur, route d'Asnières, 69

Pont, propriétaire, cité Lafontaine, 10.
Popelin, marchand de vins, rue Moncey, 11.
Porcherot, fabricant de chaussons, rue des Dames, 28.
Poreaux (Mme), marchande de bois, rue des Dames, 86.
Portefaix, fruitier, rue d'Orléans, 97.
Porthaux, mercier, rue Lemercier, 72.
Portier, brocanteur, rue d'Orléans, 100.
Portier, daguerréotypeur, rue Saint-Louis, 1.
Potel, bains publics, rue de la Paix, 61.
Potel, boucher, rue Lemercier, 42.
Potier, marchand de vins, rue de Lévis, 16.
Potier, maçon, avenue de Clichy, 53.
Potier (Mme), marchande de vins, rue Saint-Etienne, 21.
Pouëtre, marchand de lait, rue de la Paix, 36.
Pouettre, marchand de fromages, rue Puteaux, 16.
Pougelat, marchand de parapluies, rue de la Paix, 99.
Poulet, pharmacien, rue Fortin, 11.
Poulmarch, pâtissier, rue d'Antin, 27.
Poulon, marchand de café, rue Bénard, 8.
Pousset, voiturier, rue Truffaut, 29.
Poutrel (Mme), maîtresse de pension, r. Ste-Thérèse, 11.
Prat, crémier-fruitier, rue de l'Eglise, 7.
Prat, fruitier, rue de l'Eglise, 6.
Prat (Mme), épicière, rue de la Paix, 99.
Prat (Mme), propriétaire, rue Truffaut, 1.
Préaume, marchand de vins, rue Chéroy, 1.
Presle, voiturier, passage Lathuille, 8.
Prevost, propriétaire, rue de la Paix, 95.
Prevost (Mme), propriétaire, rue de Chartres, 4.
Prevost, propriétaire, rue Cardinet, 26.
Prevost, propriétaire, rue d'Orléans, 6.
Prevost, marchand de nouveautés, rue des Dames, 7.
Prévost, propriétaire, rue Truffaut, 46.
Privat, propriétaire, rue de la Paix, 54.
Proust, chaudronnier, rue de l'Ecluse, 16.
Provin-Hurel, propriétaire, rue Saint-Louis, 84.
Pucey, propriétaire, rue Saint-Louis, 17.
Puel, ferrailleur, avenue de Clichy, 70.
Pujol, architecte, rue du Hâvre, 6.
Puteaux, propriétaire, rue d'Orléans, 101.
Puteaux, propriétaire, rue la Santé, 1.
Puteaux, propriétaire, rue de la Santé, 54.
Puyo, coiffeur, avenue de Clichy, 70.
Puzin, propriétaire, rue de la Paix, 11.

## Q

Quatrehomme, march. de vins, rue des Batignollaises, 2.
Quatremain (Mme), charcutière, rue des Dames, 113.
Quelen, épicier, rue de Lévis, 8.
Quéron, marchand de combus'ibles, rue de la Paix, 12.
Quesnil, blanchisseur, rue d'Orléans, 86.
Quichet, marchand de vins, rue Cardinet, 43.
Quillet, marchand de vinaigre, rue Salneuve, 21.
Quinquet, propriétaire, rue Saint-Etienne, 55.

## R

Raby, propriétaire, rue du Docteur, 5.
Racadot, propriétaire, rue de la Félicité, 15.
Racherot, march. de curiosités, r. des Batignollaises, 1.
Radigue, traiteur, Grand'Rue, 1.
Rayé, marchand de vins, rue de Courcelles, 18.
Rayez, propriétaire, rue Truffaut, 42.
Raffart, huissier, Grand'Rue, 50.
Raffi, marchand de combustibles, rue d'Orléans, 91.
Raguet, relieur, rue des Dames, 54.
Rahault, chambres garnies, rue Saint-Etienne, 23.
Raimbaut, cordonnier, rue des Dames, 54.
Rambour, marchand de vins en gros, rue de la Paix, 38.
Rambour, marchand de vins, rue de Lévis, 58.
Rameau (Mme), propriétaire, rue Saint-Etienne, 40.
Rameau (Mme), propriétaire, rue Bénard, 40.
Rameau, architecte, rue Soffroy, 6.
Ramel, fabricant de bougies, rue de la Santé, 60.
Raoul, serrurier, rue de la Paix, 2.
Ray (Mme), marchande vins, rue d'Orléans, 87.
Raymond, marchand de combustibles, rue Truffaut, 57.
Raynal, marchand de combustibles, rue Saint-Louis, 9.
Rayot, entrepreneur de charpente, Grand'Rue, 4.
Rebou, fruitier, avenue de Clichy, 29.
Reddon, épicier, rue Lemercier, 2.
Regnier, épicier, rue des Dames, 45.
Réguilland, entrepren. de peintures, rue des Dames, 59.
Remy, propriétaire, rue de la Paix, 27.
Remy, propriétaire, rue du Port-Saint-Ouen, 16.
Renard, propriétaire, rue Bénard, 1.
Renard, nourrisseur, rue d'Orléans, 105.
Renard, nourrisseur, route de la Révolte, 159.

Renard (Mme), march. de vins, route de la Révolte, 95.
Renaud, marchand de beurre, boulevard de Clichy, 72.
René, marchand de jambons, Grand'Rue, 21.
Renevet dit Lapierre, cordonnier, rue d'Antin, 21.
Renevey, propriétaire, rue Saint-Louis, 56.
Renno, entrepreneur de déménag., avenue Saint-Ouen, 4.
Revet, marchand de vins, Grand'Rue, 20.
Rhétorais, boulanger, rue des Dames, 75.
Ribaut, lampiste, rue Bénard, 31.
Ribet, marchand de vins, rue des Dames, 95.
Richefeu, traiteur, boulevard de Batignolles, 62.
Richefeu, propriétaire, rue Saint-Louis, 1.
Richefeu, boulanger, rue des Dames, 19.
Richéme, menuisier, rue d'Antin, 13.
Richer, blanchisseur, route de la Révolte, 81.
Richy, commissionnaire de roulage, rue Cardinet, 25.
Ricord, propriétaire, rue Cardinet, 71.
Rieux, marchand de vins, route d'Asnières, 84.
Rigaud, appartements garnis, rue Saint-Louis, 31.
Rigault, cordonnier, rue des Dames, 77.
Rigolet, propriétaire, rue Lemercier, 52.
Rimoussin, crémier, Grand'Rue, 42.
Rinfoy, propriétaire, rue du Port-Saint-Ouen, 17.
Riou, fripier, rue de Lévis, 18.
Rispal, propriétaire, rue Fortin, 14.
Ritz, march. de pierres taillées, r. du Ch.-des-Bœufs, 50.
Rivet, architecte, rue de la Paix, 74.
Rivet, propriétaire, rue Saint-Louis, 2.
Ruffet, boucher, rue de l'Eglise, 1.
Ruffy, liquoriste, Grand'Rue, 52.
Rumeau (Mme), march. de vins, boulevard Monceaux, 56.
Rupp, tourneur en bois, rue d'Orléans, 56.
Rycroc, marchand de vins, rue de Lévis, 2.
Robert père et fils, peintres et vitriers, rue de Lévis, 41.
Robert (Mme), propriétaire, rue de la Santé, 52.
Robert, maître de pension, rue des Dames, 30.
Robert (Mlle), propriétaire, rue de l'Hôtel-de-Ville, 8.
Robert, serrurier, rue Truffaut, 45.
Robillard, blanchisseur, rue d'Orléans, 90.
Robineau (Mme), mais. d'accouchement, Grand'Rue, 47.
Roblin (Mlle), propriétaire, rue de Lévis, 94.
Robot, propriétaire, place de l'Eglise, 22.
Robyns, propriétaire, rue d'Orléans, 55.
Roch, marchand de vins, rue Cardinet, 28.
Rochais, boulanger, rue de Lévis, 28.

Roche, entrepreneur, boulevard de Batignolles, 96.
Roche, brocanteur, rue de Lévis, 24.
Rocher, marchand de nouveautés, rue des Dames, 26.
Rochette, traiteur, rue des Dames, 91.
Rodriguez, tapissier, rue Saint-Louis, 20.
Roger, médecin, rue Saint-Louis, 6.
Roger (Mlle), maîtresse de pension, rue Bénard, 12.
Rognier, propriétaire, rue du Port-Saint-Ouen, 25.
Roisin, menuisier, rue de Lévis, 55.
Rondeau (Mme), propriétaire, rue du Docteur, 12.
Roques, marchand de vins, rue de la Paix, 105.
Rose, propriétaire, rue de la Santé, 61.
Rosoy, maître de tir, rue des Moines.
Rossart, limonadier, boulevard de Clichy, 64.
Rossel, propriétaire, cité Lafontaine, 7.
Rosset, nourrisseur, avenue Saint-Ouen, 8.
Rossignol, parfumeur, rue des Carrières, 13.
Roth, march. de bestiaux, rue du Chemin-des-Dames, 18.
Rouget, menuisier, rue du Port-Saint-Ouen, 27.
Rouget, couvreur, rue de la Paix, 106.
Rouillard, serrurier, rue du Port-Saint Ouen, 44.
Rouillard, épicier, rue Bénard, 16.
Rouillard, épicier, rue de l'Eglise, 26.
Roulmann, plombier, Grand'Rue, 46.
Roupert, cordonnier, Grand'Rue, 27.
Rouquez, propriétaire, rue Bénard, 35.
Rousseau, brocanteur, rue d'Antin, 8.
Rousseau, meschand de vins, rue des Carrières, 15.
Rousseau, épicier, rue Truffaut, 41.
Rousseau, médecin, rue Saint-Louis, 6.
Rousseau, chapelier, rue Lemercier, 1.
Roussel, boulanger, rue de l'Eglise, 12.
Roussel, charcutier, rue de Lévis, 60.
Rousselle, brasseur, rue Saint-Etienne, 41.
Rousselle, brasseur, rue des Dames, 45.
Rousselle, brasseur, rue des Dames, 123.
Rousselet, pâtissier, rue de Lévis, 52.
Rousselet, marchand de vins, avenue de Clichy, 76.
Rousset, débitant de tabac, Grand'Rue, 54.
Roux, propriétaire, rue Sainte-Thérèse, 20.
Roux (Mme), blanchisseuse, rue de la Paix, 93.
Rouxel, marchand de vins, boulevard Monceaux, 42.

## S

Sabatier, entrepreneur de roulage, à la gare.
Sabatier, mercier, rue des Dames, 103.
Sabert dit Lafond, table d'hôte, passage Béranger, 15.
Saget (Mme), maîtresse de pension, rue de Chartres.
Saint-Didier, limonadier, Grand'Rue, 5.
Saintrain, nourrisseur, rue de Lévis, 94.
Sala, propriétaire, rue Cardinet, 38.
Sallandrouze, fabricant de tapis, rue de l'Eglise, 15.
Salis, marchand de vins, avenue de Clichy, 60.
Salneuve, propriétaire, rue d'Orléans, 106.
Salneuve, propriétaire, rue Salneuve, 9.
Salonot, propriétaire, cité Lafontaine, 6.
Samouel, marchand de vins, rue d'Antin, 25.
Samson, porteur d'eau, rue Sainte-Thérèse, 14.
Samuel, eaux minérales, rue Lemercier, 57.
Sandos (Mme), couturière, rue de la Paix, 27.
Sandrat, teinturier, rue de la Santé, 1.
Sapelier, marchand de casquettes, rue des Dames, 99.
Sarrat, propriétaire, rue de Lévis, 80.
Sarré, propriétaire, rue Saint-Etienne, 17.
Saudreau, marchand de vins, route d'Asnières, 49.
Saugé, limonadier, rue de Lévis, 6-8.
Sauger, épicier, rue de Chazelles, 1.
Savoureau, propriétaire, rue de Chartres, 6.
Saugon, distillateur, rue d'Orléans, 106.
Saulière, charcutier, passage Saint-Pierre, 2.
Saulière, charcutier, Grand'Rue, 4.
Sauriac, entrepreneur de charpente, rue Caroline, 15.
Sasias, linger, Grand'Rue, 15.
Sausin, fruitier, rue d'Antin, 22.
Savatier, boulanger, rue d'Antin, 50.
Sautrel, entrep. de déménagements, Grand'Rue, 56.
Sauget, bourrelier, rue de Lévis, 26.
Sauvage, entrepositaire, avenue de Clichy, 43.
Savary, cafetier, rue de Lévis, 47.
Savary, propriétaire, rue de l'Eglise, 27.
Sauvé, propriétaire, place de l'Eglise, 14.
Sayer, propriétaire, rue Saint-Louis, 6.
Scalardi, blanchisseur, rue Lemercier, 94.
Scellos, fondeur de suif, route d'Asnières, 85.
Scheffer, linger, rue Saint-Charles, 19.
Schefter, teinturier, Grand'Rue, 52.

Schier, marchand de vins, boulevard de Clichy, 62.
Schneider, limonadier, rue de Clichy, 1.
Schluc, quincailler, rue de l'Eglise, 11.
Schrack, loueur de voitures, rue de Lévis, 86.
Schram, crêmier, rue des Dames, 72.
Sehram, crêmier, Grand'Rue, 47.
Schram, marchand de beurre, rue Truffaut, 59.
Schœffer, loueur de voitures, rue Cardinet, 50.
Schumann, loueur de voitures, rue Moncey, 10.
Scolarout (Mme), brocanteuse, rue de Lévis, 54.
Scott (Mme), couturière, rue Lemercier, 53.
Sédillot, tripier, rue Saint-Louis, 40.
Séguin, marchand de vins, boulevard de Clichy, 66.
Séjourné, marchand de vins, Grand'Rue, 60.
Sénéchal, propriétaire, rue de la Félicité, 27.
Senepart, marchand de vins, avenue de Clichy, 78.
Senneterre, propriétaire, rue de la Paix, 78.
Siauve, tailleur, rue Fortin, 19.
Sière, fab. de lits de fer, boulevard Monceaux, 106.
Simon, propriétaire, rue Bénard, 19.
Simon (Mme), propriétaire, rue Saint-Louis, 34.
Simon, marchand de vins épicier, route de la Révolte, 255.
Singlé, charcutier, rue de la Paix, 54.
Sisconi, marchand de papiers peints, rue Lemercier, 2.
Souillard, épicier, rue Truffaut, 1.
Soulage, marchand de combustibles, place de l'Eglise, 6.
Solf (Mme), blanchisseuse, rue de la Santé, 4.
Sommé (Mlle), propriétaire, avenue des Chasseurs, 13.
Sorel, fruitier, avenue de Clichy, 85.
Soubreville, blanchisseur, rue de la Paix, 116.
Soumet, appartements garnis, rue Saint-Louis, 57.
Souques, logements garnis, rue de la Paix, 56.
Soustreau, épicier, rue d'Antin, 15.
Stavlats, propriétaire, rue de la Paix, 82.
Suchtelin (Mme), propriétaire, rue Lemercier, 47.
Suret, nourrisseur, rue de la Félicité, 40.
Sussex et Cie, engrais de Javel, Grand'Rue, 12.
Sustrac, coiffeur, rue d'Orléans, 103.
Suzanne dit Rivière, propriétaire, rue des Carrières, 12.
Swobada, propriétaire, rue Lemercier, 23.

## T

Tabar, loueur de voitures, rue de la Terrasse, 9.
Taillefer, constructeur de machines, rue St-Etienne, 9.

Taillefesse, fruitier, rue Saint-Etienne, 19.
Tallot, bottier, rue des Dames, 103.
Talon, lampiste, rue des Dames, 112.
Talon, serrurier, rue Chéroy, 10.
Tamisier, fruitier, rue des Dames, 34.
Tapy, maréchal, avenue Saint-Ouen, 13.
Taravet, blanchisseur, rue de la Santé, 26.
Tarette, propriétaire, rue de la Paix, 44.
Taste, marchand de vins, rue Bénard, 14.
Taurines, mécanicien, rue Saint-Etienne, 9.
Tavernier, marchand de vins, rue de Lévis, 10.
Teissèdre, marchand de combustibles, rue St-Louis, 42.
Teissier, apprêteur d'étoffes, rue Salneuve, 13.
Teissière, apprêteur d'étoffes, rue d'Orléans, 114.
Tellière, marchand d'huiles, rue d'Antin, 4.
Terrat, marchand de vins, avenue Saint-Ouen, 17.
Terrillon, entrepositaire, rue Saint-Louis, 96.
Tessier, apprêteur d'étoffes, rue Cardinet, 60.
Testu (Mme), crèmière, rue des Dames, 73.
Teuzelin, propriétaire, rue d'Orléans, 51.
Thévenin, brocanteur, Grand'Rue, 53.
Thevenon, propriétaire, rue Lemercier, 44.
Thibault, entrepreneur de maçonnerie, rue du Garde, 8.
Thibaut, crèmier, rue des Dames, 2.
Thibaut, propriétaire, rue du Chemin-des-Bœufs, 1.
Thibaut, propriétaire, rue de l'Eglise, 40.
Thiboust, épicier, rue Saint-Louis, 46.
Thiboust, ent. de maçonn., rue du Chemin-des-Bœufs, 1.
Thibout, charron, passage Lathuille, 4.
Thierry, architecte, rue de l'Eglise, 5.
Thierry (Mme), laitière, route de la Révolte, 171.
Thierry, propriétaire, rue Lemercier, 43.
Thillard, charcutier, avenue de Clichy, 28.
Thinthouin, propriétaire, rue Saint-Louis, 53.
Thobois, débitant de tabac, Grand'Rue, 13.
Thomas, propriétaire, rue de la Santé, 68.
Thomas, loueur de voitures, route d'Asnières, 84.
Thouvenin, fabricant de ouates, rue de la Paix, 81.
Thummer, menuisier, rue Truffault, 70.
Tinton aîné, mécanicien, à la Gare.
Tisserand, blanchisseur, rue de Lévis, 18.
Tisserand, blanchisseur, avenue Saint-Ouen, 16.
Tisseron, charpentier, route d'Asnières, 3.
Tisseron, charpentier entrepreneur, route d'Asnières, 12.
Tissot, marchand de vins, rue de la Paix, 26.

Tocquet, propriétaire, rue du Port-Saint-Ouen, 41.
Tony-Crignon (Mme), fab. de passem., r. St-Etienne, 65.
Toucas, bijoutier, rue Saint-Charles, 19.
Tournade, propriétaire, rue Truffaut, 17.
Tourneroche, peintre en bâtiments. rue d'Antin, 20.
Toussaint, blanchisseur, rue Lemercier, 28.
Toussaint, propriétaire, rue Lemercier, 19.
Touzan, propriétaire. rue de l'Eglise, 28.
Touzelin, propriétaire, rue Lecomte, 3.
Touzelin, propriétaire. rue Saint-Etienne, 21.
Touzet, brocanteur, rue de Lévis, 26.
Turlan, marchand de charbons, rue de la Paix, 105.
Trahot, propriétaire, rue de l'Eglise, 26.
Trancart, boulanger, rue de Lévis, 41.
Tremblez, marchand de vins, avenue de Clichy, 43.
Tremerel, propriétaire, rue de la Terrasse, 19.
Trenel, marchand de vins, rue de la Paix, 63.
Trenet, marchand de vins, rue de l'Ecluse, 25.
Triboulet, blanchisseur, rue de Lévis, 26.
Trinquet, épicier, boulevard de Batignolles, 8.
Tripot, agent d'affaires, rue Saint-Charles, 11.
Trollé, marchand de volailles, avenue des Chasseurs, 7.
Tronsilier, loueur de voitures, passage Lathuille, 19.
Trouillard, loueur de voitures, rue de Chazelles, 3.
Trouillet, nourrisseur, rue de Lévis, 10.
Troussel (Mme), corsetière, rue d'Aniin, 4.
Truchy, marchand de pipes, rue de Lévis, 5.
Truffaut, propriétaire, rue de la Santé, 60.
Tudel (Mme), propriétaire, rue Saint-Etienne, 24.
Turin, serrurier, rue de Lévis, 46.

# V

Vaché, entrepreneur de menuiserie, rue Moncey, 19.
Vaché, parquetteur, rue d'Orléans, 9.
Vacher, propriétaire, rue Lemercier, 58.
Vaché, entrepreneur de menuiserie, rue de l'Eglise, 9.
Vachette, propriétaire, rue Bénard, 14.
Vachié, appartements garnis, rue de Lévis, 82.
Vachié-Laurent, logeur, rue de la Santé, 36.
Vachu, marchand de bois, rue du Bac-d'Asnières, 8.
Vagan, marchand de vins, rue des Dames, 99.
Vaillant, épicier, rue Truffaut, 29.
Valade, logeur, rue de la Santé, 36.
Valchère, nourrisseur. rue de la Félicité, 26.

Valentin, propriétaire, rue Cardinet, 56.
Vallerand, propriétaire, rue Lemercier, 29.
Vallerand, coiffeur, rue des Dames, 41.
Vallery, marchand de combustibles, rue Truffaut, 8.
Vallon (Mme), marchande de vins, rue Salneuve, 5.
Vanelphen, vérif. en serrurerie, rue de l'Hôtel-de-Ville, 6.
Vanier, camionneur, avenue de Clichy, 107.
Vanoverbergh, facteur de pianos, Grand'Rue, 57.
Varlet, marchand de vins, place de l'Eglise, 4.
Varnier, marchand de combustibles, rue d'Orléans, 25.
Vasseur, marchand de vins, avenue Saint-Ouen, 49.
Vatier, fruitier, rue Cardinet, 58.
Vatteau, mercier, avenue de Clichy, 96.
Vedel, serrurier, rue Saint-Etienne, 17.
Vérat, médecin, rue d'Antin, 18.
Verdier, brocanteur, rue de Lévis, 26.
Verel fils, architecte, rue Bénard, 22.
Veret, propriétaire, rue Sainte-Marie, 5.
Vergès, coiffeur, rue de la Paix, 78.
Vergnon, marchand de vins, avenue de Clichy, 4.
Vermond, marchand de vins, avenue de Clichy, 44.
Verne, pasteur protestant, rue des Batignollaises, 10.
Verrier, marchand de vins, rue d'Orléans, 94.
Verrier, propriétaire, rue Saint-Louis, 62.
Vial, loueur de voitures, rue d'Orléans, 113.
Vialette, coiffeur, avenue de Clichy, 2.
Viard, propriétaire, rue Truffaut, 21.
Vidal, ferronnier, avenue Saint-Ouen, 10.
Vienne, serrurier, rue des Dames, 83.
Viennot, marchand de vins, avenue de Clichy, 156.
Viennot, propriétaire, rue Saint-Louis, 8.
Vigentini, propriétaire, rue de l'Eglise, 22.
Vigoureux, propriétaire, rue de la Paix, 8.
Ville, marchand de vins, rue du Port-Saint-Ouen, 8.
Villedieu, boulanger, Grand'Rue, 4.
Villem, marbrier, avenue Saint-Ouen, 22.
Villemette (Mme), propriétaire, rue Saint-Louis, 7.
Villemsems, propriétaire, rue du Docteur, 6.
Vincent Albitès, propriétaire, route Militaire.
Violet, pelletier, rue de la Paix, 101.
Vistel, propriétaire, rue de la Paix, 29.
Vizet-Dumont, march. de vins, route de la Révolte, 85.
Vocoret, propriétaire, avenue de Clichy, 5.
Voisin, propriétaire, rue Lemercier, 72.
Vonége, logeur en garni, rue de la Paix, 81.

## W

Wagou, propriétaire, cité des Fleurs, 24.
Walter, cordonnier, Grand'Rue, 41.
Warcollier, bandagiste, rue de la Paix, 60.
Weker, peintre en voitures, rue de Lévis, 84.
Wierre, marchand de charbons, rue Bénard, 15.
Wolff, propriétaire, rue Saint-Louis, 42.
Wright, propriétaire, rue Truffaut, 6.

## Y

Ysart, marchand de vins, avenue de Clichy, 107.
Yvert, marchand de vins, rue de la Paix, 85.

## Z

Zany, fumiste, rue de la Santé, 66.

FIN.

Paris. — Imp. PREVE et Comp., rue J.-J.-Rousseau, 15.

PARIS. — IMPRIMERIE PREVE ET COMPAGNIE,
13, RUE JEAN-JACQUES ROUSSEAU, 13.

www.ingramcontent.com/pod-product-compliance
Lightning Source LLC
LaVergne TN
LVHW021817170726
843503LV00007B/3219

*9782329674438*